Terrorismes
Violence et propagande
by François-Bernard Huyghe
Copyright © Gallimard 2011
Japanese translation rights
arranged with Edition Gallimard
through Motovun Co.Ltd.

本書の日本語翻訳権は
株式会社創元社が保持
する。本書の全部ない
し一部分をいかなる形
においても複製、転載
することを禁止する。

# 日本語版監修者序文

加藤 朗

著者フランソワ＝ベルナール・ユイグは本書の最後「テロリズムの未来」に，こう記している。一度の戦闘経験もなく専門技術も持たず，「突然，復讐の念に駆られて，衝動的に事件を起こす」「個人，あるいは小さなグループによる，新しいテロリズムが広がっている」。確かに戦闘経験や専門技術が無くても，コンピュータ・ゲームが戦闘を疑似体験させてくれるしネットで簡単に専門技術を習得できる。そして突然，復讐の念に駆られるようないさかいや対立の種は世界中にばらまかれている。このような状況の下，もし著者が指摘するように，個人や小グループのテロリズムが広がっているとすれば，本書の締めくくりに引用されているビン・ラーディンの言葉は暗澹たる未来を予言している。

「おまえたちが命を愛している以上に，われわれは死を愛している」

テロの未来を知るために，私たちは過去のテロを知る必要がある。本書の第1章が「思想のために人を殺す」とあるように，テロには具体的な目的があった。政治目的を達成する手段のひとつがテロだった。だから本書の第2章「活動方法」に記されているように目的に向けて具体的な活動が組織され，そして第3章「演説」に詳しく書かれているようにテロは演説と同じく自分たちの目的を伝える手段なのである。

しかし，最近では，「死を愛している」としか思えない自爆テロや大量破壊テロが

世界各地で頻発している。なぜ，死や破壊のみが目的と思えるようなテロが広がったのだろうか。その原因のひとつは，日本人によるテロにある。私たち日本人は決して忘れてはならない。日本人は世界のテロの歴史を変えるほど大きな影響を与えたテロ事件を2度も起こしている。

　ひとつは，1972年5月の日本赤軍によるテルアビブ空港襲撃事件である。ローマからテルアビブ空港に到着した20代半ばの3人の日本人元大学生が，預けた荷物から武器を取り出し，到着ロビーにいた到着客や空港職員に向け無差別に自動小銃を乱射，手りゅう弾を投げつけ，26人が死亡，数十人が重軽傷を負う事件が起きた。3人のうち2人はその場で射殺され，逮捕された岡本公三は終身刑となり長らくイスラエルで服役していた。その後1985年にイスラエル兵との捕虜交換で多くのパレスチナ人服役囚とともに釈放され，現在は政治亡命を認められたレバノンで支持者の支援で暮らしている。

　テルアビブ空港のテロ事件は世界中に大きな衝撃を与えた。イスラエルはテロリストの国内侵入を許す大失態をしでかし，イスラエル政府は国民から厳しい非難を浴びた。また犠牲者の半数がプエルトリコ人巡礼者だったため，日本政府はプエルトリコに謝罪の特使を派遣する騒ぎとなった。他方，パレスチナ人やアラブ人は，遠く日本から死を賭してパレスチナ闘争に参加した3人を英雄として讃えた。本書でも取り上

げているように、テロの定義が難しいのは、立場が異なればテロリストは殺人者にも英雄にもなることだ。レバノン政府が岡本の政治亡命を認めたのも、彼がいまだにアラブの英雄だからだ。

　各国に与えた影響以上に、テルアビブ事件はその後のテロに深刻な影響を与えた。それは日本赤軍が初めから生還を期待しない、カミカゼ・テロと呼ばれる自殺テロを起こしたことである。自死を覚悟でテロが実行されることはそれまでなかった。しかし、テルアビブ事件以後1980年代になると、イスラム勢力がこの「カミカゼ・テロ」を戦術として採用し、自爆テロを行なうようになった。今日自爆テロと言えば、イスラム原理主義者の専売特許のように思われがちだが、その淵源は日本赤軍のカミカゼ・テロにある。9.11同時多発テロもこのテルアビブ空港でのカミカゼ・テロの延長線上にある自殺テロである。

　もうひとつ日本人が世界に影響を与えたテロ事件は、1995年3月のオウム真理教による地下鉄サリン事件である。この事件以降テロは大量殺傷テロいわゆるメガデス・テロの時代に入った。地下鉄サリン事件は無差別に大量殺傷を狙って毒ガスがテロに使われた初めての例である。幸いにも成功しなかったが、オウム真理教は1990年にはボツリヌス菌、1996年には炭疽菌も散布した。

　テロなら何でもありだというのは誤解である。テロでも倫理的に許されない手段は

ある。それは大量殺傷兵器である。どれだけ闘争が激化しても生物兵器，化学兵器はテロでは使用されなかった。警察や軍の反撃を恐れたということもあるが，むしろテロ側にも使用には倫理的な抵抗があったからだ。オウム真理教はその倫理的な壁を壊したことでテロの歴史に特筆大書されるテロ組織になった。倫理的障壁がなくなった以上，核兵器や放射性物質を使ったテロがいつ起きても不思議ではない。イラク戦争の原因は，イラクが保有していると信じられていた核兵器をフセインがアルカイダに渡すことをブッシュ大統領が恐れたからだ。

　テロは今や現実世界だけでなく，サイバーテロとしてサイバー空間にまで拡大している。幸いなことにサイバーテロでは今のところ死傷者が出るような深刻な事件は起こっていない。しかし，サイバーテロは，たとえば原子力発電所のシステムを制御不能に陥らせ，大量破壊兵器と同じかそれ以上の被害をもたらすメガデス・テロを引き起こす恐れがある。

　私たちは，いつなんどき，思いもかけないテロに襲われるかもしれない時代や世界に暮らしていることを肝に銘じておかなければならない。突然に恐怖（テロ）を与えることこそがテロ（恐怖）だからである。

ニューヨークへのテロ攻撃——2001年9月11日，ボストンでテロリストにハイジャックされたと思われる2機の飛行機が，ニューヨークのワールド・トレード・センターのツインタワーのそれぞれに激突し，その後タワーが倒壊した。

# SPECIAL EXTRA EDITION

## TulsaWorld
### Since 1905

**TUESDAY**
SEPTEMBER 11, 2001

www.tulsaworld.com

50¢

# ATTACK ON AMERICA

「タルサ・ワールド」紙の第1面
2001年9月12日

新聞を読むレバノン人たち
ベイルート　2001年9月12日

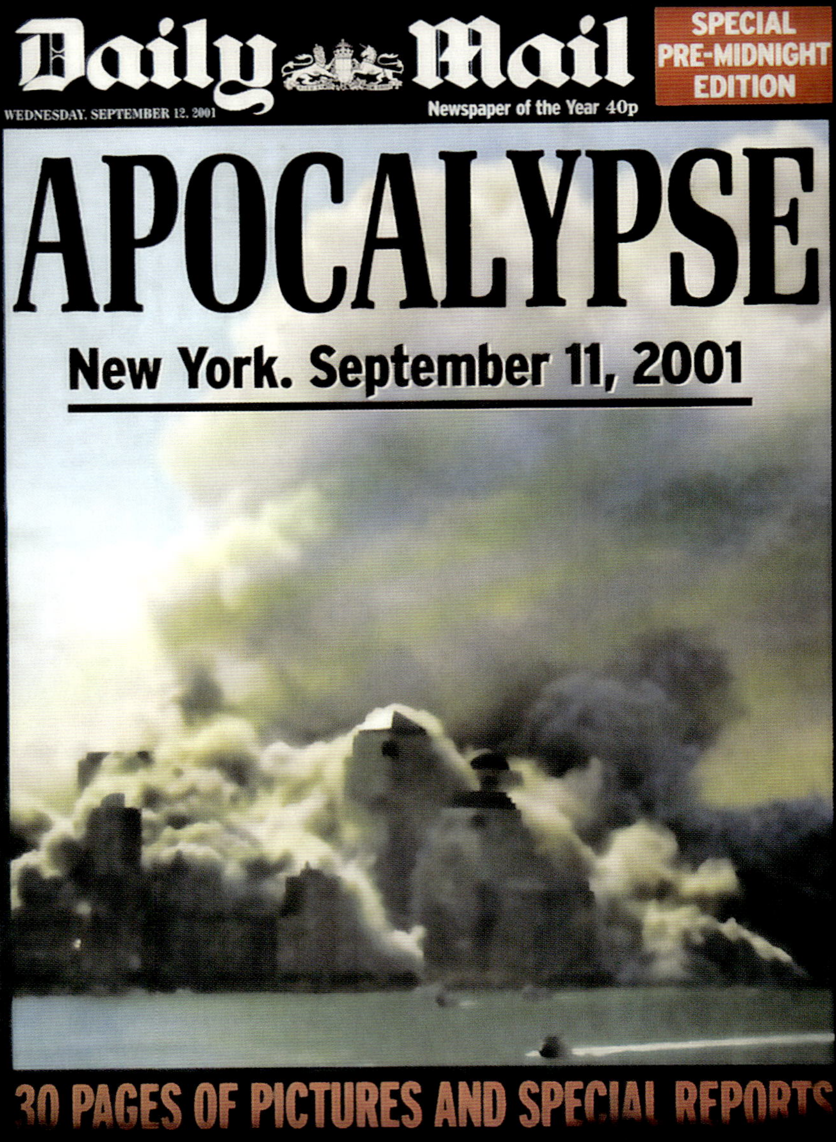

Daily Mail

SPECIAL PRE-MIDNIGHT EDITION

WEDNESDAY, SEPTEMBER 12, 2001

Newspaper of the Year 40p

# APOCALYPSE

## New York. September 11, 2001

30 PAGES OF PICTURES AND SPECIAL REPORTS

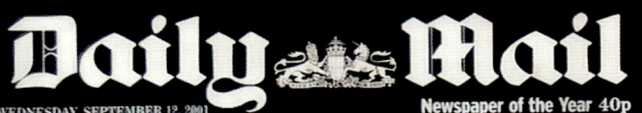

「デイリー・メール」紙の第1面
2001年9月12日

新聞を読む男性
バンコク　2001年9月12日

香港の列車の乗客と新聞
2001年9月12日

「デイリー・エクスプレス」紙の第1面
2001年9月12日

「デイリー・ニューズ」紙を読む男性　ニューヨーク　2001年9月18日

# CONTENTS

- 第1章 思想のために人を殺す ……………………………… 17
- 第2章 活動方法 ……………………………………………… 43
- 第3章 演説 …………………………………………………… 61
- 第4章 テロリズムは終結するか …………………………… 83

資料篇　　　　　①定義できないテロリズム ……………………… 102
——テロリズムの正体——　②ニヒリストとアナーキスト ……………………… 104
　　　　　　　　③民族主義者と独立派 ……………………………… 107
　　　　　　　　④反乱と対テロリズム ……………………………… 113
　　　　　　　　⑤「鉛の時代」………………………………………… 119
　　　　　　　　⑥聖戦 ………………………………………………… 122
　　　　　　　　　年表 ………………………………………………… 128
　　　　　　　　　INDEX ……………………………………………… 136
　　　　　　　　　出典（図版）………………………………………… 138
　　　　　　　　　参考文献 …………………………………………… 141

# テロリズムの歴史

フランソワ=ベルナール・ユイグ❖著
加藤 朗❖監修

武装闘争の停止を宣言する「バスク祖国と自由（ETA）」のメンバーたち。ETAはバスク地方の分離独立をめざす民族組織で，何度も武装闘争の停止を宣言するが，その都度，爆破や暗殺などのテロ行為を再開してきた。この2010年9月5日の停止宣言は13回目のもの。背後に掲げられているのは，組織のシンボルである「斧にとぐろを巻くヘビ」。

「知の再発見」双書161
創元社

❖「この1年間, ぼくはほかのことをなにも考えていなかった。いままで生きてきたのも, その瞬間のためなんだ。〔帝政ロシアの政治の実権を握る〕大公のそばで, その場で死んでしまうことを, いまでは望んでいる。最後の1滴まで自分の血を流すか, 爆発する炎のなかで一気に焼かれて自分のあとになにも残さないようにするか。ぼくが爆弾を投げたいといったわけが, わかるだろう？ 思想のために死ぬのは, その思想と同じ高みに達するための唯一の方法だからさ。それこそ, 自分の行為を正当化することなんだ」 …………

アルベール・カミュ『正義の人びと』(1950年)

# 第 1 章

# 思想のために人を殺す

〔左頁〕ピストルの形をつくった手を振りあげるアウトノミア運動のデモ参加者たち（イタリア・ボローニャ, 1977年）──「おまわり, とっとと失せろ, こっちにはピストルがあるんだ」などのスローガンをかかげていたイタリアの労働者自治運動であるアウトノミア運動のメンバーたちは, 少なくとも言葉の上では, 当時のテロ組織との連帯を隠そうとしていなかった。彼らを支持していた人びとは, 10万人にのぼると考えられている。

⇨爆弾を置くアナーキストを描いた雑誌の挿絵──ブルジョアジーを無差別に殺害しようとしたこのようなアナーキストは, 20世紀初頭のヨーロッパ各地に出没した。

# テロリズムとは？　出来事が言葉に先行する

　政治家の暗殺は、はるか昔からよくある出来事だった。民衆を自由にするために、はたして専制君主の殺害は許されるか否かという論争は、すでに古代ギリシアの哲学者プラトンとアリストテレスのあいだで行なわれていた。政治上の党派が敵対する人物に刺客を送ることもよくあった。たとえば1世紀初頭には、ユダヤ人の急進派であるゼロテ党が、ローマの支配に対して武装闘争を展開した。また、11世紀末から13世紀後半にはイスラム教シーア派のアサシン教団が、キリスト教徒の十字軍参加者やトルコ人を暗殺している。

　ゲリラという言葉は1800年以降に登場するが、すでに10世紀に、東ローマ皇帝ニケフォロス2世がゲリラの概念を示している。1794年以降、「テロリズム」という言葉が辞書に載るようになるが、その定義はフランス革命期の1793年に行なわれた恐怖政治(テロル)に由来する。

　たとえば1800年にはナポレオンを狙った爆破事件が起き、罪のない22人の人間が死亡したが、このときは「テロリズム」ではなく「陰謀」という言葉が使われている。また1870年にフランス人の「非正規軍兵士」がプロイセン軍に銃殺されたときも、プロイセン軍の兵士たちが「テロリスト」とよばれることはなかった。

　つまり19世紀末まで、現在の意味での「テロリズム」という言葉は使われていなかったことになる。現在では「テロリズム」という言葉は、国家の組織ではなく非合法の組織が、イデオロギー的な意図をもって、象徴となる標的を襲撃することを意味している。

⇩ヴェーラ・ザスーリチ（1849〜1919年）——貴族の家に生まれた彼女は、当初、「人民の意志」という反体制テロ組織に参加し、革命思想を理由に投獄されたが、1871年に釈放された。

　その後、サンクトペテルブルク警視庁長官トレポフを狙撃したあと、ロシアの革命家の多くと同じく、スイスのジュネーヴに亡命した。

　亡命後、マルクス主義に転向し、ゲオルギー・プレハーノフと「労働解放団」という組織を結成した。ロシアの社会民主労働党がメンシェヴィキとボリシェヴィキの両派に分裂すると、彼女はメンシェヴィキに参加し、ボリシェヴィキのレーニンと対立した。

↑「人民の意志」のメンバー（1870〜80年）——ナロードニキ（人民主義者）と呼ばれる、ロシアにおける革命運動（または社会運動）の担い手たちは、1879年に「土地と自由」という組織が、農村へ行って民衆に反乱を説いてまわろうとする一派と、テロによって要人を暗殺することで革命を促進しようとする一派（「人民の意志」）に分裂したときに、誕生した。

アナーキストのなかからも、テロを肯定する一派が登場した。（アナーキズムの父と呼ばれるバクーニンとクロポトキンは、共にロシア人である）。その結果、ロシアではいたるところでテロが行なわれるようになった。

## 最初のテロリスト、ヴェーラ・ザスーリチ

1862年、ロシアのサンクトペテルブルクで革命中央委員会が声明文を掲示した。

「斧をとれ！　皇帝一派を容赦なく打ち倒せ」「失敗したら、われわれは恐れることなく頭を断頭台に乗せるだろう」

これは思想のために人を殺害し、理想のために死ぬ覚悟ができていることを表明したものである。

ネチャーエフはきわめて過激な内容の『革命家のカテキズム』（1868年）を書き、アナーキストのバクーニンを魅了した。しかし彼が実際に行なったことは、1869年に「人民の裁き」という架空の組織をつくり、メンバーのひとりを裏切り者として殺害しただけである。ロシアの作家ドストエフスキーの『悪霊』（1871年）は、この事件から着想を得ている。

1878年1月24日、ヴェーラ・ザスーリチが、サンクトペテルブルク警視庁長官を狙撃し、負傷させた。無罪となって亡命した彼女は有名になり、ドイツの思想家マルクスやロシ

↑アレクサンドル2世襲撃事件（1879年）──ナロードニキは、軍人や高級官僚に対するテロを組織的に行なった。数回の未遂事件を起こしたあと、1881年に彼らはロシア皇帝アレクサンドル2世の暗殺に成功した。その後、厳しい弾圧にあい、ナロードニキは消滅した。

アの革命家レーニンと文通をするようになった。しかし、彼女は専制政治を代表する人物を攻撃し、民衆が立ちあがるよう、正義を実行するために銃を撃ったのであって、ただたんに「恐怖を引き起こそう」としたわけではなかった。

「テロリズム」という言葉が一般的に使われるのは、それからかなりあとのことである。20世紀初頭では、爆弾魔はロシアではニヒリスト、ヨーロッパではアナーキストに分類されていた。1880年に、ロシア人のふたりの爆弾魔が、はじめて「テ

ロリズム」に関する著作をそれぞれ出版した。「テロリズム」という言葉がフランス語で普通に使われるようになったのは、1920年代になってからのことである。

ロシアでは、社会革命党（PSR）がテロ活動を行なう「戦闘団」を擁していた。戦闘団は、皇帝の住居である冬宮を、飛行機で攻撃する計画を立てていた。1905年の声明文ではテロ活動が称賛され、政府の信用を失わせ、争いを激化させ、革命精神を刺激し、専制政治を打倒するために軍事力を準備することが、その目的として説明されている。

レーニンは、このように度のすぎた急進的なやり方に反対した（兄のアレクサンドルは、皇帝アレクサンドル3世の暗殺に失敗して絞首刑に処せられている）。しかし、PSRやアナーキストによる襲撃事件は増加の一途をたどった。歴史家アンナ・グリーフマンによれば、1900年から17年のあいだに1万7000人がテロ事件で死亡したという。

同じころ、犠牲者は体制の共犯者として襲撃の対象となることが当然なのか、という論争がくりかえされるようになった。1905年に、PSR党員のカリャーエフはロシア大公セルゲイが乗っていた馬車に爆弾を投げようとしたが、幼い子どもがふたり同乗していたため、計画を中断した。数日後、彼は大公がひとりで馬車に乗っていたとき、爆弾を投げて彼を殺害した。この「道徳的な」テロリズムは、フランスの作家カミュの戯曲『正義の人びと』のテーマとなった。しかしこのあとすぐに、ホテルやカフェ、列車が爆破されるようになった。「無分別な」テロリズムが誕生したのである。

アナーキズムの思想は、バクーニンや、「言葉、文章、短剣、銃、ダイナマイトによる恒久的な革命」を称賛したクロポトキンによって、ヨーロッパに広まった（1866年にアルフレッド・ノーベルが発明したダイナマイトによって、力の弱い人間で

⇩イワン・カリャーエフの人体測定カード（1905年）——社会革命党（PSR）の党員で詩人のイワン・カリャーエフは、ロシア大公セルゲイを暗殺した罪で、1905年に絞首刑に処せられた。

大公妃エリザヴェータは獄中の彼と面会し、彼が自分の罪を認めるなら、恩赦をあたえると申し出た。しかし彼はそれを拒否し、自分の死が革命のために役だつと考えて、毅然として死刑台にのぼった。

戯曲『正義の人びと』のなかで、作家カミュは、カリャーエフにこういわせている。「ぼくは戦争捕虜なんだ。被告人じゃない……。ぼくは、あなたたちの圧政に爆弾を投げたんだ。ひとりの人間に投げたんじゃない」

それに対して、警視総監のスクラートフはこう答えた。「そうでしょうとも。しかし、爆弾を受けたのは、ひとりの人間ですよ」

も前代未聞の破壊活動ができるようになった）。

# アナーキズム＋ダイナマイト

なぜ，爆弾を投げるのか。その理由として，まずは仲間の復讐があげられる。1891年5月1日，フランス北部のフルミで，ストライキ中の人びとに軍隊が発砲し，9人の死者が出た。同じ日，パリ近郊のクリシーで，デモ隊と警察隊が衝突した。アナーキストたちが逮捕され，有罪となった。フランソワ・クニグスタン，通称ラヴァショルは，復讐を決意した。1892年に，彼は数人の仲間と共にダイナマイトを盗み，3月11日にクリシーの事件の裁判を担当した判事の家と，次席検事の家を爆破した。幸い負傷者だけで済んだが，世論への影響は大きかった。

ラヴァショルは逮捕され，仲間と共に裁判にかけられ，徒刑に処せられた。その後，ベルティヨン式人体測定法という犯罪者識別法によって，爆破事件以前の3件の殺人事件の犯人が彼であることが判明した。死刑を宣告されたラヴァショルは，「アナーキズムばんざい！」と叫びながら死刑台にのぼった。

彼は歌や本によって讃えられた。1893年には，オーギュスト・ヴァイヤンがフランスの下院に爆弾を投げこんだ。1894年に警察署とカフェ・テルミヌスを爆破したエミール・アンリは，「無実の人間などいない」といって，自分の行為を正当化した。イタリア人のカゼリオは，1894年6月24日にフランス大統領サディ・カルノーを殺害した。3人とも，ラヴァショルにならって，「アナーキズムばんざい！」と叫びながら死んでいった。その後も，彼らをまねた事件が相次いだ。レオティエという名前の靴屋は，「崇高な同志ラヴァショルの敵を討つ」という理由で，路上で中産階級の人間を刺殺した。

⇩ラヴァショルの肖像——彼はアナーキストの悪党とみなされていた一方で，仲間たちからは復讐に殉じた人間と考えられていた。彼は1894年に，ギロチン刑に処せられた。

⇧ラヴァショル編集の「ラ・ディナミト」紙の第1面（1892年5月1日）——アナーキスト新聞には，爆弾の製造方法が載っていた。

第1章 思想のために人を殺す

⇐アナーキストによる下院襲撃事件(「ル・プチ・ジュルナル」紙から抜粋した版画,1893年12月23日)──個人の襲撃よりも多くの意味をもっている「行為によるプロパガンダ」を,アナーキズムの指導者たちは次のように規定した。
1)現在の制度を力によって完全に破壊すること。
2)革命思想と反乱精神を広めるため,さまざまな行為によって,可能なかぎりあらゆる努力をすること。
3)合法的な場の外に出て,革命へいたる唯一の道である非合法の場で行動すること。
4)すでに革命の大義に役だっている技術的な知識や化学の知識について,組織とグループに所属する個人が,攻撃と防御の手段として研究し,応用することに力を注ぐこと。
5)それぞれのグループと個人の自治は認められるが,どのグループもほかのグループと直接連絡をとりあう権利をもち,連絡をとりやすくするために,国際情報中央執行部をつくること。

すでに1881年,アナーキストたちはロンドンで大会を開き,「行為によるプロパガンダ」の道を歩むことを選択していた。演説の限界を悟った彼らは,「技術的な知識や化学の知識」を革命の手段として活用することにしたのである。

1893年と94年に,フランスの下院は「極悪法」と呼ばれる3つの法律を制定した。それらの法律では,アナーキストたちによる間接的な扇動や称賛が処罰され,彼らのたんなる同調者たちにも責任が課せられ,プロパガンダの定義が拡大され,検閲が導入され,さまざまな思想や行為が非難の対象とされた。しかし,それらはあきらかに行きすぎで,国民からの批判が噴出したため,実際に適用することは難しかった。それにもかかわらず,「極悪法」が完全に廃止されたのは,1992年になってからのことである。

このような事情は，フランスにかぎったことではなかった。1893年には，スペイン・バルセロナのリセウ大劇場が爆破され，22人の死者が出た。ヨーロッパ全土でテロ事件が増加し，要人の暗殺もひんぱんに行なわれるようになった。1897年にはスペインの首相カノバス・デル・カスティリョ，1898年にはオーストリア皇后エリーザベト，1900年にはイタリア国王ウンベルト1世，1901年にはアメリカ大統領マッキンリーが殺害された。そのほかに，ベルギー王レオポルド2世，フランスの首相クレマンソーなど，多くの暗殺未遂事件があった。ヨーロッパはこの「爆弾の10年間」におびえ，「アナーキストの悪党たち」をギロチンにかけたり，銃殺した。

1911年に，アナーキズムを信奉している点をのぞけばただの強盗団にすぎない「ボノー団」が，フランスで当時まだ目新しかった自

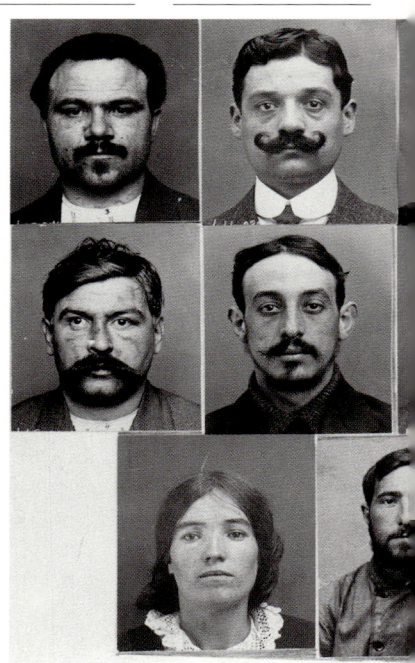

## LA CAPTURE ET LA MORT DU BANDIT BONNOT

動車を使った強盗事件をくりかえした。2回にわたる長い包囲戦のあと，1912年に彼らは捕えられ，生きのこった最後のメンバーたちは，1913年4月に処刑された。

その後，アナーキストたちの主張は「行為によるプロパガンダ」から「直接行動」へと変化した。正式な代表者のいない労働者階級が戦いに参加するようになり，職場でのストライキやサボタージュ，自然発生的で恒常的な抵抗運動が主流となった。しかし例外もあり，たとえば1920年にはニューヨークのウォール街でアナーキストによる爆破事件が起こり，38人の死者と200人の負傷者が出た。とはいえ，第1次世界大戦から1970年代に入るまで，爆弾は社会を破壊するよりも，国を建設するために使われることが多かった。

◁「強盗ボノーの逮捕と死」と書かれた「ル・プチ・ジュルナル」紙の見出し（1912年4月29日）──ジュール・ボノー（1876〜1912年）は，30代から強盗をはじめた。彼は自動車を使った強盗を考えだし，共犯者のアナーキストたちと共に犯行を重ねた。警察はパリ郊外の隠れ家をつきとめ，長い包囲戦のあと，ダイナマイトで家が爆破され，ボノーは死亡した。

## 秘密軍と未来の国家

　植民地化に抵抗する分離独立派は，外国の占領者たち，彼らの政府や協力者たちと戦っている。まずはじめに非合法の武装闘争を行ない，その後，民衆全体の蜂起をうながすか，自分たちが追いはらいたいと考えている合法的な政府との交渉に移るというのが，多くの場合，彼らの戦略である。
　「内部マケドニア革命組織」(IMRO) は，占領者であるオスマン帝国と戦い，バルカン半島のマケドニア地方に自治国家をつくるため，1893年に創設された。両大戦間に何度か名称を変えながらも，IMROは数十年にわたって，山岳地帯でゲリラ活動を行ない，トルコ軍にテロ攻撃をしかけてきた。IMROはクロアチアの民族主義団体ウスタシャと手を結んで活動したが，たとえば1934年に，フランスのマルセイユでユ

⇧ボノー団のメンバー (1912年)──メンバーの何人かは，「ラナルシー」紙の発行所で出会った。彼らは1911年12月に出納係を襲った事件で有名になった。逃走中，彼らは何度も警察官や通行人を殺害した。彼らの居場所はすぐに突きとめられ，メンバーの多くが逮捕された。ボノーの死後，生き残ったふたりの主要人物であるヴァレとガルニエは，1912年5月14日に行なわれた2度目の包囲戦で死亡した。

ーゴスラヴィア王アレクサンダル1世を暗殺している。

それに対して、国際連盟は1937年にテロリズムに関するふたつの重要な条約を採択したが、それらは発効しなかった。1930年代にはすでに、テロリズムは国際化しており、人質事件も、列車の爆破も、金銭で雇われた武装組織による襲撃も、国境を越えて行なわれていた。

分離独立派が求めるものは、自分たちの土地、国民、主権である。彼らは非合法の軍隊をもち、占領軍を攻撃するが、最終的には休戦条約に調印し、政府をつくる、つまり、国家を設立することを望んでいる。

## 領土のために

「アイルランド共和軍」(IRA) は、アイルランド義勇軍など複数の組織を起源とする武装組織である。アイルランド義勇軍は、プロテスタント系の武装組織に対抗してつくられたカ

↓ユーゴスラヴィア王アレクサンダル1世の暗殺——1934年10月9日、フランスのマルセイユで、ブルガリアの民族主義者チェルノセムスキーが、アレクサンダル1世を殺害した（このときフランスの大臣ルイ・バルトゥーをはじめとする数人が、巻き添えとなった）。犯人のチェルノセムスキーは、警察と民衆によって殺された。

事件の黒幕として、クロアチアの民族主義団体ウスタシャや内部マケドニア革命組織 (IMRO) がとりざたされたが、真相は謎である。一方、チェルノセムスキーは、マケドニアの民族主義者から英雄として讃えられている。

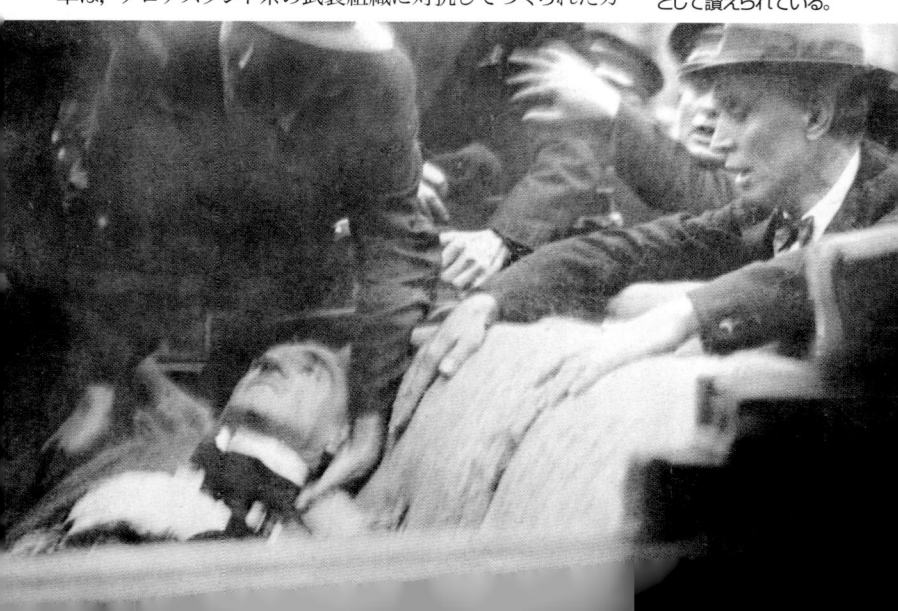

トリック系の武装組織で、1916年にアイルランドのダブリンで起きたイースター蜂起において中心的な役割をはたした。IRAはイギリスからの独立をめざすアイルランドの組織で、初期には警察の分署やイギリス政府から派遣された警備隊を標的にしており、イギリス本土でもテロ活動を行なっていた。

1921年に英愛条約が結ばれ、アイルランド自由国が成立すると、IRAは内部分裂し、和平に反対する一派が1969年まで武装闘争を継続した。1969年に、今度はこの一派が「オフィシャルIRA」と「IRA暫定派」にわかれ、「IRA暫定派」はナショナリズム政党であるシン・フェイン党の協力を得て、さらに戦いをつづけた。

IRAはほかにもさまざまな分派があり、多くのテロ事件を起こしている。彼らは軍の要職を歴任したマウントバッテン卿を暗殺し、サッチャー首相も標的にした。また、1998年8月15日には北アイルランドのオマーで、自動車爆弾による攻撃で29人の死者を出している。2005年7月28日に「IRA暫定派」は武装解除したが、「IRA暫定派」から分派した「真のIRA」は依然として武装闘争を行なっている。

「バスク祖国と自由」(ETA)は、歴史的にもっと新しく、実体も非常にあいまいな民族組織である。1959年にスペインのフランコ独裁政権に抵抗するために創設され、その後、バスク人居住地域の分離独立をめざすようになった。自警団の襲撃、銀行強盗、革命税の強制徴収などを行ない、1973年にはカレロ・ブランコ首相を暗殺した。その結果、スペイン

↑「アイルランド共和軍」(IRA)のメンバー(1972年)——1997年に「IRA暫定派」から分派した武装組織である「真のIRA」は、アイルランド全島の独立が達成されるまで、戦いをつづけようとしている。

「真のIRA」は2010年に欧州連合(EU)のテロ組織リストから外された(アメリカやイギリスなど、いくつかの国では依然としてテロ組織リストに載っている)が、同年10月まで彼らは爆弾テロの犯行声明を出しつづけていた。

当局からの抑圧が激しくなり、処刑された仲間の報復としてのテロ事件をたびたび起こすようになると、軍事部門と、武装闘争を行なわない政治部門にわかれた。

ETAの初期の標的は、警察官、軍人、政府の要人たちだった。しかしやがて、知識人やETAから離脱したメンバーなどの「裏切り者」を殺害したり、自動車爆弾で無差別殺人を行なうようになった。ETAが起こしたとされているテロ事件では、合計829人の死者が出ている。2010年9月15日に停戦宣言をした（⇨p.15）が、これは13回目の停戦宣言にあたる。

1973年に設立された「タミル・イーラム解放のトラ」(LTTE) は、スリランカ北東部にタミル人の独立国家をつくるために戦っていた。10万人ともいわれる死者を出した内戦の末、2009年にLTTEは政府軍に制圧された。ヒンドゥー教とマルクス主義を奉じるLTTEは、都市部で爆破事件を起こしただけでなく、自分たちの軍隊によって長いあいだ山岳地帯やジャングルを支配下に置き、さらには潜水艦まで所有していた。

事実、都市部で非合法の組織によって行なわれる散発的な攻撃であるテロリズムと、つねに武装した集団が、特定の地域を完全に自分たちの手中に収めている農村ゲリラの境界線ははっきりしない。

テロリズムと農村ゲリラは、武装組織の性質を規定する概念ではなく、ひとつの組織が両方の形態をとることも多い。たとえば、アルジェリアの独立を阻止するために1962年に創

⇩「バスク祖国と自由」(ETA) によるラクンサ村（スペイン北部）のディスコでのテロ事件（2001年）——ETAは1959年に、フランコの独裁政治と戦うために創設され、その後、スペインが民主化する過程で、バスク人居住地域を独立国家として分離するために武装闘争を行なうマルクス・レーニン主義の組織となった。

1989年以降、何度か武装闘争の停止宣言を行なったが、すぐにそれを破棄して爆破、暗殺、誘拐などをくりかえしている。

第1章 思想のために人を殺す

⇧「タミル・イーラム解放のトラ」(LTTE) の訓練 (インド東部, 1996年) ——LTTEは, 女性戦闘員の多さと, 戦闘員が犠牲的行為を盲目的に信じていることで知られている。イスラム教テロ組織で, 自爆テロが広まる以前の1987年から, すでにLTTEは自爆テロを行なってきた (自爆テロリストの3分の1が女性である)。

戦闘員は生きて捕虜とならないよう, 毒入りカプセルを身につけている。LTTEはジャングルでのゲリラ戦だけではなく, 都市でのテロも行なった。

設された秘密軍事組織 (OAS) も, 似たような方法で武装闘争を行なった。

さらに, 難しい問題が残されている。一般的に, 「自由を獲得するために戦う人びと」と「テロリスト」は別のものとみなされ, 国際的な権威をもつ機関は「テロ組織リスト」を作成している。しかし, 第2次世界大戦期にドイツの占領下にあったフランスで起きたレジスタンス (対独抵抗運動) をはじめとする歴史上の抵抗運動や, 現在は国家の主要政党となっている「アルジェリア民族解放戦線」(FLN) や「アフリカ民族会議」(ANC) なども, 最初は非合法な存在だった。そのように以前は権力当局から卑劣な殺人者と呼ばれていた人びとも, 「貧者の戦争」に勝利し, 国際社会の賛同を得ることができれば, 名誉や, ときにはノーベル平和賞まで, あたえられることがあるのである。

# ヨーロッパの極左武装組織

正当性の問題は、とくに1970年代から活動を開始したヨーロッパの極左武装組織の場合に顕著となる。アナーキストたちは国家というものを破壊したかった。分離独立派は自分たちの国家をつくりたかった。それに対して極左武装組織は、国際的な革命のために戦い、ブルジョアジーに立ちむかおうとした。彼らによるテロ事件が多発した時代は、「鉛の時代」と呼ばれている。

ヨーロッパの極左武装組織は、ときにラテンアメリカから着想を得た。ブラジルでは、カルロス・マリゲーラが「都市ゲリラ」を理論化した。ウルグアイの極左武装組織ツパマロスは、要人の誘拐や派手な襲撃事件で、権力当局に刃向うことができるだけの力をもっていた。

また、極左武装組織はパレスティナの武装組織からも影響を受けた。1970年にパレスティナ解放人民戦線（PFLP）がヨルダンのザルカで飛行機を乗っ取ったあと、ハイジャックはありふれた事件となった。2年後には、パレスティナ武装組織「黒い9月」がミュンヘン・オリンピック開催中に人質をとった。人質全員が死亡するという最悪の結果に終わったこの事件は、「黒い9月」の存在を世界中に知らしめた。

さらに、極左組織の急進的な一派を武装化させたのは、極右ファシズム組織がいだいていたクーデターの夢である。しかしその夢は、妄想にすぎなかった。イタリアでは、犯人がわかっていないが、おそらく極右組織によるものと思われる一連のおぞましいテロ事件が起きた。その発端は、1969年のフォンターナ広場爆破事件で、17人の死者が出た。その後も、85人が死亡した1980年のボローニャ駅テロ事件まで爆破事件が連続した。

イタリアは、非常に特殊なケースである。国全体を揺るがした1977年の暴動以降、政治的に不安定な時期がつづき、極右組織と極左組織が共にテロ事件を起こした。極左組織

⇩ミュンヘン・オリンピック開催中の人質事件での、パレスティナ武装組織「黒い9月」のメンバー（1972年）──「黒い9月」はイスラエルの選手たちを人質にとり、収監中のパレスティナ人234人を釈放するよう要求した。交渉の結果、9月6日に、犯人グループと人質がヘリコプターで、エジプトへ向かう飛行機が待っている空港に運ばれた。そのとき、銃声が鳴りひびいた。（↗）

によると考えられる犠牲者は数百人におよんでいる。それに対して、ドイツで極左組織が関係したテロ事件の死者は50人、共産主義とアナーキズムの影響を受けたフランスのテロ組織「直接行動」が殺害したのはせいぜい10人である。

テロリストたちは、自分たちの主張を、爆弾だけではなく文章によっても長々とのべた。犯行声明、非合法の出版物、ドイツ赤軍（RAF）の創設者のひとりであるウルリケ・マインホフがやっていたような、自分たちの思想の物々しい要約などである。

彼らの主張は、それぞれ微妙に異なっている。「武装したプロパガンダ」「国家の中枢への攻撃」、抵抗運動、自衛、人民戦争あるいは内戦、政治軍事運動、武装共産党などである。

（▶）しかし、西ドイツ警察による作戦は失敗に終わり、11人の人質、ひとりの警察官、犯人のうち5人が、銃撃戦で死亡した。生きのこって逮捕された3人のテロリストは、1カ月後に「黒い9月」が起こしたルフトハンザ航空機ハイジャック事件で、人質となった乗客と交換で釈放された。イスラエルは報復のために「神の怒り作戦」を1991年まで展開し、事件に関与したと思われる人物を残らず殺害した。

彼らの多くが、労働者組織から裏切られた労働者階級の代表者を自称している。たとえば、RAFの文章には労働者たちが消費社会を支えていることに対する失望があらわれているが、RAFは第3世界の革命を必要としていた。

ヨーロッパの極左武装組織には、イタリアの「赤い旅団」「ロッタ・コンティヌア（闘争はつづく）」「ポテーレ・オペライオ（労働者の権力）」、「ドイツ赤軍」（RAF）、フランスの「直接行動」、ベルギーの「戦闘的共産主義者細胞」などがあり、それぞれ戦略的に大きな違いがあったが、単発的に協力しあうこともあった。これらの組織の多くがマルクス主義的な思想をもっていたが、イタリアの組織やドイツの自発的革命主義〔革命は労働者階級から自発的に起きるので、指導者が革命を扇動してはならないという思想〕の組織、フランスの「直接行動」は、より自律的な傾向にあった。

これらの組織はみな、テロ活動を行ない、人質をとり、人質を「人民の法廷」による「裁判」にかけ、活動資金を得るために強盗を働いた。このような活動は、標的である経営者、大臣、将軍たちよりも、労働者階級、護衛、警察官などを「偶発的に」殺害する危険性があった。

やがて、道をそれる組織が出てきた。もっとも有名なのは、「赤い旅団」である。1978年にイタリアの元首相アルド・モーロを殺害すると、それまで共感を示してきた知識人や進歩主義者たちも、「赤い旅団」を支持しなくなった。

ヨーロッパの極左武装組織の歴史は、政治の「道具」として使われた国際テロリズムの歴史と重なりあっている。イリイッチ・ラミレス＝サンチェス、別名カルロスは、国際的な極左テロリストだったが、主義主張とはあまり関係なく、報酬目当てで誰の命令にも従う、金銭で雇われたテロリストの代表例である。石油輸出国機構（OPEC）の大臣たちを人質にとった事件で有名になった彼は、目的をはたすために人

⇧「直接行動」のジャン＝マルク・ルイヤン（左）とナタリー・メニゴン（右）——共産主義とアナーキズムの影響を受けたフランスのテロ組織「直接行動」は、1979年にフランス経営者評議会本部に機関銃を乱射した事件で有名になった。1980年に逮捕されたメンバーには、ミッテラン大統領の恩赦があたえられた。

その後、「直接行動」は爆弾テロを専門とする国内派と、ヨーロッパのほかのテロ組織と連携した国際派に分裂した。ジャン＝マルク・ルイヤンひきいる国際派は、1986年にオドラン将軍やルノー公団総裁ジョルジュ・ベスを殺害した。メンバーの大半が1987年に逮捕されたが、現在は釈放されている。

第1章 思想のために人を殺す

びとをためらわずに殺害した。東欧諸国やアラブ諸国の情報機関と密接な関係があったため，彼はどの国の政府にも大きな圧力をあたえることのできる道具だった。

また，レバノンのイスラム教シーア派の組織ヒズボラが1985年から86年にかけて，あるいはアルジェリアの武装イスラム集団（GIA）が1995年から96年にかけて，フランス国内でテロ事件を起こしたが，このとき彼らは政治的優位を得るため，あるいは亡命中の敵に報復するために，「爆弾による外交」を行なったのである。

⇧アンドレアス・バーダー（上）とドイツ赤軍（RAF）のロゴ（下）──放火の罪で逮捕されたバーダーは，1970年に女性ジャーナリストのウルリケ・マインホフが彼を脱獄させたとき，有名になった。RAFの初期の主要メンバーの大半は1972年に逮捕され，バーダーやほかの囚人たちは，公式には自殺という理由で，1977年に亡くなった。

## 聖戦(ジハード)と聖地

反帝国主義，マルクス主義，アラブ民族主義が混合した思想は，少しずつジハード主義に場所を譲っている。ジハード主義は，世俗法ではなく宗教にもとづくイスラム法によって統治される国家をめざすイスラム原理主義を超えて，イス

○ 33

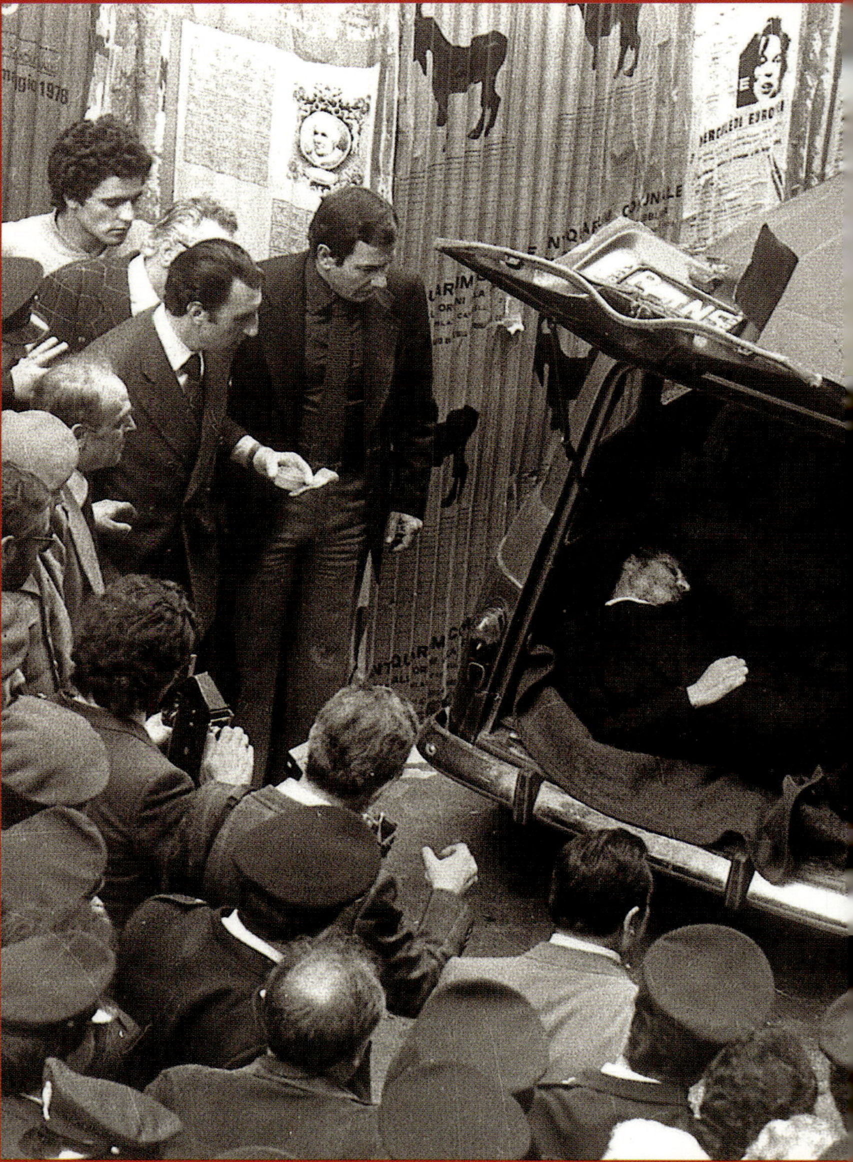

⇦遺体で発見されたアルド・モーロ（ローマ，1978年5月）──1978年3月16日，「赤い旅団」は，キリスト教民主党（DC）元党首で，イタリア共産党（PCI）を政権に参加させる「歴史的な合意」を結んだイタリアの元首相アルド・モーロを，彼が下院に向かう途中で誘拐し，5人の護衛を殺害した。

モーロは「人民の監獄」と名づけられた隠し部屋に監禁され，「赤い旅団」の要求，つまり仲間の釈放要求を伝えるため，報道機関あての（さらにはローマ教皇あての）手紙を書かされた。詳しい事情は判明していないが，交渉は決裂し，55日後，モーロは射殺された。彼の遺体は，何者かが電話で告げた場所，つまりキリスト教民主党本部とイタリア共産党本部のあいだの路上に止まっていた車のトランクのなかで発見された。（⇦）

モーロ殺害の結果，「赤い旅団」を支持していた左派の知識人の多くが離反した。イタリアの作家エルサ・モランテは，「『赤い旅団』への公開状」のなかで，彼らのやり方は，「現代の『革命』をきわめて悲惨なものにおとしめ，人間性を完全に軽視する原理にもとづいている」と非難している。

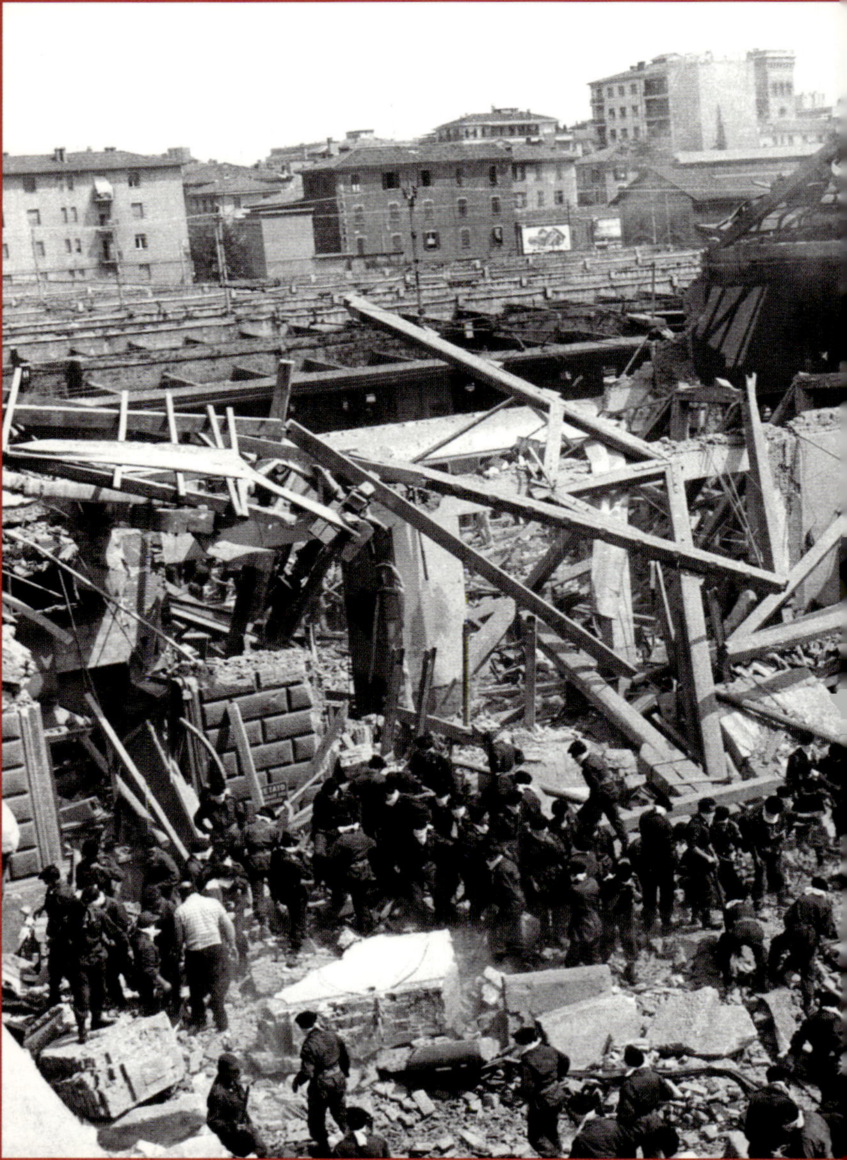

⇦ボローニャ駅テロ事件（1980年8月2日）——イタリアのボローニャ駅が爆破され、85人が死亡したこの事件は、1969年のフォンターナ広場爆破事件にはじまる「国家による虐殺」と呼ばれる一連の爆破事件の延長上にある。

テロを連続して起こすという「緊張作戦」によって、保守的な極右政党に政権を任せる方向へ世論を誘導するため、情報機関がこの一連の爆破事件に関与したと考えられている。

ボローニャ駅テロ事件の捜査は何年もつづき、実行犯としてネオ・ファシズム組織のふたりのメンバーと、黒幕として「ロッジP2」という秘密結社の代表者とふたりの情報機関員が、最終的に有罪となった。この事件の不可解さは、イタリアで起こった多くのテロ事件のなかでも際だっている。

イタリアのテロ事件で犠牲となった死者は公式には378人で、そのうち128人が極左組織に殺されているが、過半数の死者たちは、どの組織に殺されたのかがあきらかにされていない。そのため、テロ事件の背後（イタリア語で「ディエトロ」）にさまざまな陰謀があるという説が生まれ、「ディエトリスモ」と名づけられた。

⇦ハサン・アル＝バンナー——1928年に，彼はエジプトの「ムスリム同胞団」を創設した。汎イスラム主義をかかげるムスリム同胞団は，アラブ世界で広く発展した。アル＝バンナーは1949年に暗殺されたが，おそらくこれは，ムスリム同胞団が首相のヌクラーシー・パシャを暗殺したことに対する報復と思われる。

ラム教の理想とする国家を実現するために障害となっているものを暴力によって排除しようとする急進的な思想である。

「ジハード」という言葉は「精神的な努力」という意味だが，ジハード主義のメンバーたちは，そのような崇高な意味とは逆の解釈で，「聖戦」の掟をとらえている。また彼らは，自分たちは本来イスラム教徒のものである土地を侵略者から守っているだけだと主張している。そして，アッバース朝の首都バグダードがモンゴル軍に攻略された1258年以前に，イスラム国家の最高権威者であるカリフに帰属していたすべての領土をとりもどすべきだと考えている。

彼らにとっての戦場とは，イスラム教徒が抑圧されているすべての国，さらにはこのような事態を引きおこしている元凶であるアメリカにまでおよんでいる。つまり，事実上，全世界が彼らの戦場なのである。ジハード主義は，伝統的なイスラム教の中心地である中東諸国で定着していると同時に，世界的規模に広まり，いたるところで迫害の象徴と標的を見いだしている。

爆弾テロと自爆テロは，最初はイスラム教の少数派であるシーア派で，その後，多数派であるスンナ派のなかのきわめて暴力的なイスラム原理主義〔イスラム教の原点への回帰をめざす思想〕の組織で行なわれるようになった。この動きは，

⇧イリイッチ・ラミレス＝サンチェス，別名カルロスの身分証明書（1994年）——国際的な極左テロリストとして知られる彼は，1975年にオーストリアのウィーンで，石油輸出国機構（OPEC）の11人の大臣を人質にとった事件で有名になった。また1974年にはフランス・パリの薬局を，1983年にはマルセイユの駅を爆破している（死者5人）。2002年以降，彼はフランスで服役中である。

ハサン・アル゠バンナーが1928年にエジプトで創設したムスリム同胞団と，ムスリム同胞団の理論的指導者でナセル大統領暗殺未遂事件に関与したとして1966年に絞首刑に処せられたサイイド・クトゥブの著作を源としている。

1980年から90年代に，アフガニスタン，ボスニア，チェチェンなどで紛争が起きたとき，国境を越えたジハード主義の勢いが高まった。それらの紛争に関わった組織には，インドネシアのジェマー・イスラミア，エジプトのイスラム集団，アルジェリアのイスラム救国戦線，説教と戦闘のためのサラフィー主義者集団（GSPC）などがある。

一方，アル゠スリによる「世界規模のイスラム抵抗運動」理論，アル゠ザワーヒリーによる「遠くにいる敵との戦い」理論，そしてビン・ラーディンの弁論術が，のちにアルカーイダと呼ばれるようになるイスラム過激派の国際ネットワークをつくりあげた。このアルカーイダという名称は，1993年にニューヨークのワールド・トレード・センターで起きたトラック爆弾事件の犯人を名指

📙ウサーマ・ビン・ラーディン（1998年）──1957年にサウジアラビアで生まれたビン・ラーディンは，アフガニスタンでソ連軍と戦ったことで有名になった。彼はパレスティナ人の師アブドゥッラー・ユースフ・アッザームと共に，名声を得た。

1991年に起きた湾岸戦争で，クウェートに侵攻した「不信心者」イラク大統領サダム・フセインと戦おうとした彼は，祖国サウジアラビアに反旗を翻した。彼は祖国がアメリカ軍の駐留を認めたことで，神聖な土地を汚すという罪を犯したと考えたのである。

彼は1995年と96年にアラビア半島で反米テロを行ない，1998年にはタンザニアとケニアのアメリカ大使館を自動車爆弾で爆破した。彼はアルカーイダ（正確な名称は「ユダヤ・十字軍に対する聖戦のための国際イスラム戦線」）を創設した。

2000年にアメリカ海軍の駆逐艦「コール」を海上から襲撃したあと，9月11日の飛行機による大規模なテロ事件を起こすと，彼は世界で一番，容疑者として行方を追われる人物となった。その後アフガニスタンに潜伏し，だんだんとマスメディアに姿をあらわすこともなくなったのち，2011年5月にパキスタンで射殺された。

ししたかった判事によってつけられた。アルカーイダは一見したところひとつのまとまった組織だが、実際には多少とも「フランチャイズ化」された地方の組織にわかれていたり、漠然と「アルカーイダ系列」とされている組織を寄せ集めたものである。

　アメリカ同時多発テロ事件を起こした2001年9月11日以降、アルカーイダは最高の名誉を得た。超大国アメリカから、「テロリズムに対する汎地球戦争」の主要な敵と名指しされたのである。この「テロリズムに対する汎地球戦争」は、アフガニスタンとイラクで「本物の戦争」を引きおこした。

　2009年、オバマ政権はこの「対テロ戦争」を終結し、新しく5万人の兵士を「暴力的過激主義との戦い」のためにアフガニスタンに派遣した。

⇧オクラホマシティ・テロ事件（1995年）──168人が死亡したこの事件は、2001年9月11日以前のアメリカで、最悪の被害をもたらしたテロ事件である。主犯のマクヴェイは、ウェイコ事件の報復としてこのテロを行なった。

　ウェイコ事件とは、1993年にアメリカ連邦捜査局（FBI）があるカルト団体を包囲し、82人が焼死した事件である。マクヴェイは、この事件が政府の陰謀だと思いこみ、オクラホマシティの連邦政府ビルを爆破した。彼は2001年に処刑された。

## あらゆる主張，あらゆる恐怖

　これまで見てきた，アナーキスト，分離独立派，極左組織，極右組織，国際テロリズム，ジハード主義などのほかにも，さまざまなテロリズムの形がある。たとえば，ヒンドゥー教，シク教，ウガンダの「神の抵抗軍」が奉じる混合宗教，日本のオウム真理教など，イスラム教以外の宗教にもとづくテロリズムがあげられる。

　また，動物の権利擁護，中絶反対，環境保護などの目的をかかげたテロリズムも存在する。彼らは自分たちの存在や主張を知らしめるために，破壊活動を行なっていると考えられる。一方，架空の武装組織の名前で，イタリアではミネラルウォーターのボトルに異物を混入したり，フランスでは道路のレーダー探知機を破壊している個人もいる。

　さらに，「白人至上主義」や「愛国主義」を奉じる民兵組織によるテロリズムもある。1995年のオクラホマシティ・テロ事件は，アメリカ連邦捜査局（FBI）があるカルト団体を包囲し，大勢の人が焼死した事件が政府の陰謀だと思いこんだ極右民兵組織が，その報復として起こしたものである。イタリアのマフィアのような犯罪組織や，麻薬密売組織の元締めでもあるコロンビア革命軍（FARC）のようなゲリラと犯罪組織の両方の顔をもつ組織もある。

　簡単に事件を起こすことができ，マスメディアを通じた反響も得られることから，非常に多くの団体がテロ活動を行なっている。国家間の古典的な戦争がまれになるにつれて，非合法の組織による攻撃が増えている。「行為によるプロパガンダ」と「貧者の戦争」のあいだ，言葉と行動のあいだでゆれうごくテロリズムへの賛同は，あとをたたない。

↑オウム真理教の教祖，麻原彰晃とその妻——オウム真理教は，ほとんど視力を失っていた教祖の麻原によって1984年に設立された。彼はこの世の終わりを予言し，ノストラダムスの予言や世界のさまざまな宗教を混合した教義をつくった。

　1995年，すでにいくつかのテロ事件に関与し，生物兵器や化学兵器の研究を行なっていた教団は，12人の死者を出した東京の地下鉄サリン事件で有名になった。麻原は2003年に死刑判決をいいわたされたが，現在でも再審請求を行なっている。

Photo by
Det Greg Semendinger
NYC Police Aviation Unit

❖「さて,ここでわれわれはアメリカ国民に告げる。おまえたちは,われわれの女性や子どもたちに対して罪を犯した政府に味方したのだから,われわれが死で報いることを知っておくがよい。われわれはおまえたちのために,おまえたちが生を愛するのと同じくらい死を愛する男たちを用意した。神がお望みになるのだから,われわれはおまえたちを襲うだろう。おまえたちが殺したように,おまえたちは死ぬ。未来がそれをあきらかにするだろう」 ……………………………………………………………………………………………

アラビア半島のアルカーイダ

# 第 2 章

# 活　　　動　　　方　　　法

〔左頁〕炎上するワールド・トレード・センター(ニューヨーク,2001年9月11日)──ワールド・トレード・センター・テロ事件の1週間後,炭疽菌(感染症を発症させる細菌)の粉末が入った封筒が,アメリカの報道機関や上院議員に送りつけられた。この「バイオテロ」によって,5人が死亡した。

右は,炭疽菌入りの封筒に注意をうながすアメリカの郵便局の広報(2001年10月18日)

テロリストには、いつの日か人を殺害する必要が生じるというリスクがつきまとう。テロリストにとって、標的はめざす理念を象徴している。権力者や重責を担う人間を狙う場合は、その社会的地位が理由である。無名の人間を狙う場合は、誰の身も安全とはいえないことを知らしめるためである。つまり、どのような場合でも、標的となった人間はテロリストのメッセージを広く知らしめる役割をはたすことになる。

　有名と無名、この2種類の標的のことを、1970年代のイタリアでは「ピストルは左から、爆弾は右から」と表現した。つまり組合活動家やジャーナリストを含む広い範囲の「ブルジョアジーの共犯者たち」や、「国家による虐殺」の責任者と考えられた政府の要人たちが、誘拐されたり、殺害されたりする一方、駅や交通機関、公共施設などで、一般人が大量に無差別に殺害された。その目的は、体制側の抑圧を強めて、国家の転覆をはかるというものだったとされている。

　ところが1900年代以降、この2種類の標的の境界線がはっきりしなくなってきた。テロ組織の性質そのものが変化していることに加えて以下の3つがその理由としてあげられる。

――身辺警護が厳重になった要人よりも、「隙(すき)」の多い標的を狙うほうが危険が少ない。

――現体制を受身の姿勢で容認している民衆も、体制の代表者とみなすようになった。つまり、「無実の人間などいない」という発想である。たとえばイスラム過激派にとって、体制側から見て違法行為を行なわない人間は、敵である。イスラエル人の母親の胎内にいる子どもも、聖戦(ジハード)に加わらないアルジェリアの村民も、いずれも「敵」とみなされる。さらに彼らは、イラクのキリスト教徒は罪人なので、皆殺しにすることが許されているとうそぶいている。

――「卵を割らなければオムレツはつくれない（まずは行動を起こさなければ次に進めない）」という格言があるように、残念ながら「痛ましい必要性」あるいは「避けがたい危険」というものが存在する。

⇩ムンバイ（インド）の駅でのテロ事件（2008年11月26日）――パキスタンに拠点をもつイスラム過激派ラシュカレトイバに所属する10人のテロリストが、ホテルや公共施設を攻撃し、観光客を含む175人を殺害した。テロリストは、ひとりだけが生きのこった。（↗）

第2章 活動方法

# 生命と自由

　誰かを殺すときには、自分も殺される可能性が高まるため、テロリストの多くは死を覚悟した人間である。ダイナマイトが発明される以前、ナイフやピストルで人を殺害するときに、自分が殺される危険性は非常に高かった。そのころ事件後に逮捕され、死刑判決を受けたものの多くは、毅然として死刑台にのぼった。なかにはロシアのナロードニキ（人民主義者）

（↘）あまりニュースにはならないが、インドはテロ事件が非常に多い国である。イスラム過激派、インドからの分離独立をめざす反政府組織、シク教徒の武装組織、共産主義過激派「ナクサライト」、インド共産党毛沢東主義派をはじめとして、800近いテロ組織が存在する。

のように，最高の名誉として死を求めるものもいた。

爆弾を身につけて攻撃するため，必然的に自分自身も死ぬことになる自爆テロは，イスラム世界以外でもひんぱんに行なわれている。「ユダヤ民族軍事機構」(エツェル)，パレスティナに拠点を置いていた「日本赤軍」，スリランカの「タミル・イーラム解放のトラ」(LTTE) などは，その例である。

テロリストたちは，みずからが苦しむことを武器として使うこともあった。たとえば1974年から77年にかけて，シュタムハイム刑務所に収監されていた「ドイツ赤軍」(RAF) のメンバーたちは，戦争捕虜が置かれている環境と待遇改善を国際社会に訴えかけるため，ハンガー・ストライキを行なった。それと並行して，彼らの仲間は収監されているメンバーを解放させるため，人質事件を起こした。しかしそれは失敗に終わり，ハンガー・ストライキを行なっていたメンバーは集団自殺した。世論は，西ドイツ当局が自殺と見せかけて彼らを殺害したと非難した。テロリストたちにとっては，死後に大義を得た結果となった。

## L'effroyable chaos

Indescriptible confusion à Beslan, en Ossétie du Nord

殺す，あるいは死ぬ覚悟ができているテロリストたちは，他人の自由を奪う権利をみずからにあたえている。その方法にはふたつあり，敵や通行人を人質にとって警察の襲撃を遅らせたり，仲間を解放させたり，逃げる時間を稼いだりすることと，「裁判」にかけるために特定の人間を監禁することである。両方の方法が同時に使われることも多く，ひとりの人質が身代金の対象になると同時に，「裁判」で「有罪」とされることもある。

政府が反応し，マスメディアが事件に関心をいだくならば，人質は誰でもかまわな

い。オリンピック選手（「黒い9月」による犯行，1972年），石油輸出国機構（OPEC）の大臣たち（カルロスによる犯行，1975年），欧米諸国の外交官やジャーナリストたち（ヒズボラによる犯行，1985〜91年），モスクワの劇場の900人の観客（チェチェン共和国の独立派武装勢力による犯行，2002年），ベスラン学校の子どもたち（同前，2004年），ムンバイのホテルの観光客（パキスタンに拠点をもつイスラム過激派による犯行，2008年）などが，例としてあげられる。

ラテンアメリカ，近東諸国，アフリカのサハラ砂漠南縁（サヘル）では，人質が数年間にわたって拘束状態に置かれることもめずらしくない。

⇦モーリタニアで「イスラム・マグレブ諸国のアルカーイダ」（AQIM）に誘拐されたスペイン人の人質たち（2010年11月29日）──AQIMは武器や麻薬の密売に加えて，スペイン人やフランス人などのヨーロッパ人を人質にとることで，資金を得ている。2002年以降，この「取引」で50人もの人質の大半が，多額の身代金と交換で解放された。ビン・ラーディンの死もAQIMの活動にはたいして影響がなく，イスラム教徒の女性がヴェールをかぶることを禁止し，軍隊をアフガニスタンに駐留させているフランスは，AQIMの格好のターゲットとなっている。

⇦ベスラン学校人質事件（上は，新聞の大見出し）──2002年10月にモスクワの劇場で39人のテロリストと139人の人質が死亡した人質事件を起こしてから約2年後の2004年9月1日，チェチェン共和国の独立派武装勢力は，ロシア南西部のベスラン学校を占拠し，1100人を人質にとった。3日目に警察が突入し，31人のテロリスト，331人の民間人，19人の警察官と軍人が死亡した。2002年のテロ事件と同じく，警察の作戦は非難の的となった。

# ほかの人間を解放する

 人質事件のなかでもっとも人目を引くハイジャックは，1931年にペルーの革命家たちによってはじめて行なわれた。その後，1960年代末にはキューバが行き先として指定されるハイジャック事件が120件も起きた。さらにパレスティナの武装組織がハイジャックをテロの手段として使うようになった。彼らが1970年の同じ日に3機の飛行機をハイジャックし，ヨルダンの砂漠で爆破した出来事は，「黒い9月」事件と呼ばれるヨルダン内戦の発端となった。

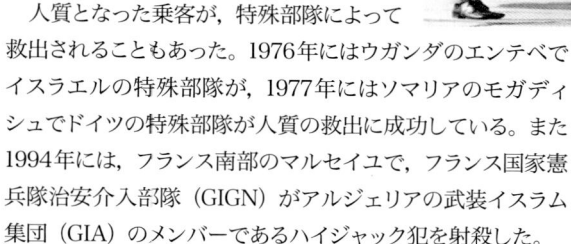

 人質となった乗客が，特殊部隊によって救出されることもあった。1976年にはウガンダのエンテベでイスラエルの特殊部隊が，1977年にはソマリアのモガディシュでドイツの特殊部隊が人質の救出に成功している。また1994年には，フランス南部のマルセイユで，フランス国家憲兵隊治安介入部隊（GIGN）がアルジェリアの武装イスラム集団（GIA）のメンバーであるハイジャック犯を射殺した。

 特定の人間を誘拐し，「人民の監獄」に監禁し，その人物がしたことを裁いて有罪とする方法は，ラテンアメリカではじまった。ウルグアイの極左武装組織「ツパマロス」，コロンビアの「M19」（4月19日運動），「コロンビア革命軍」（FARC）は，判事，経営者，治安当局の責任者を標的とした。たとえばアメリカ中央情報局（CIA）のダン・ミトリオンは，1970年にウルグアイでツパマロスによって，誘拐され，のちに殺害されている。それから30年か40年後，FARCは無差別に人質をとり，ジャングルに監禁して，身代金を要求するようになった。

 ヨーロッパは，フランスの毛沢東主義組織が，かなり早い時期からツパマロスの方法を採用した。彼らは1970年にグ

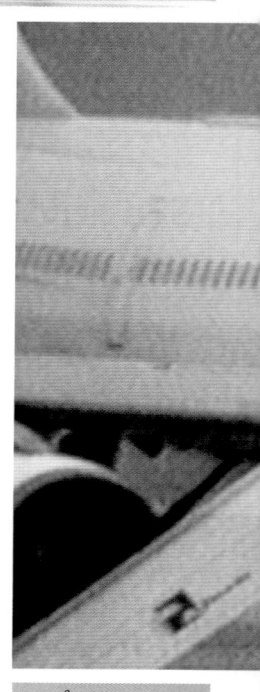

レイー議員を誘拐し、1972年に自動車会社ルノーの幹部で技師のノグレットを監禁した。しかしノグレットに好感をいだいた彼らは、結局ノグレットを解放し、以後、このような事件を起こすことはなかった。

　イタリアでは、活動資金を得るため、あるいは「人民の法廷」で罪を告白させるために、誘拐が広まった。1970年にジェノヴァの実業家の息子が「10月22日グループ」に誘拐されたのが、その発端である。その後、判事、実業家、看守が誘拐されるようになったが、その多くが「赤い旅団」の仕業である。1974年に誘拐されたソッシ判事は、「赤い旅団」の旗とスローガンの前で自分の罪を告白させられた。1978年に誘拐された元首相アルド・モーロは、55日間監禁されたあと、射殺された。同じく「赤い旅団」に誘拐された北大西洋条約機構（NATO）のドジャー将軍は、1982年に特殊部隊によっ

〔左頁〕ハイジャックされた航空機（1972年）——ハイジャックは、1960年代から増加した。1994年、アルジェリアのアルジェで武装イスラム集団（GIA）がエールフランス機をハイジャック（⇩）し、3人の人質を殺害した。

　飛行機が離陸し、フランス南部のマルセイユに到着すると、フランス国家憲兵隊治安介入部隊（GIGN）が突入し、テロリスト全員を射殺した。乗客は全員無事だった。GIAの目的は、機体をパリ市街に墜落させることだったと考えられている。

⇐ベイルート（レバノン）のアメリカ大使館爆弾テロ事件（1983年4月18日）──自爆テロリストが運転する900キログラム以上の爆薬を積んだトラック爆弾が，ベイルートのアメリカ大使館を爆破し，63人が死亡した。犯行声明を出したのは，イスラム教シーア派の組織ヒズボラと関係が深い「イスラム聖戦機構」である。

その後，1983年10月23日には，ベイルートにあるアメリカ海兵隊兵舎とフランス空挺部隊兵舎が，同じくトラック爆弾で攻撃された。その結果，内戦中のレバノンから平和維持軍が撤退することになった。この出来事から，イスラム過激派は，ヨーロッパ人は死者が出れば逃げ出す「張子の虎」だと考えるようになった。

て救出された。以後，「赤い旅団」は衰退した。

ドイツでは，1975年に，西ベルリン市長選挙に立候補していたキリスト教民主同盟のペーター・ロレンツが誘拐され，ドイツ赤軍（RAF）と関係がある収監者たちと交換で解放された。また，1977年には，ドイツ経営者連盟会長ハンス・マルティン・シュライヤーが，43日間監禁された後，殺害された。これと同時に，RAFは収監中のメンバーを解放させるためにハイジャック事件を起こしたが，失敗に終わっている。

第2章　活動方法

## 弾道学と兵站(へいたん)

　テロ組織は，交通機関，通信機関，建造物なども攻撃対象としている。それは自分たちの軍事力を証明するためであると同時に，敵の力の象徴に打撃をあたえるためでもある。死者が出ようと出まいと，放火や機関銃の乱射，そしてとくに爆破によって対象物を破壊するためには，多額の資金が必要となる。

　大きな被害をあたえるためには，大量の爆薬がなければならない。1973年に「バスク祖国と自由」(ETA)がスペインのカレロ・ブランコ首相を暗殺したとき，首相の車列が通る場所の地下に，その車列を吹きとばすことができるだけの爆薬が仕掛けられた。また，1995年にアメリカの極右武装組織が起こしたオクラホマシティ・テロ事件では，230キログラムのニトロメタンや硝酸アンモニウムと，160キログラム以上の含水爆薬が使われた結果，168人の死者が出て，324の建物が倒壊したり損傷した。

　自爆テロリストが操作する自動車爆弾やトラック爆弾による攻撃は，標的からきわめて近い場所で爆発を起こすことができる。1983年10月23日，レバノンのベイルートで，5トンの爆薬を積んだ「イスラム聖戦機構」のトラックが，空港内のアメリカ海兵隊兵舎に激突し，241人が死亡した。その数分後，近くにあったフランス空挺部隊兵舎もトラック爆弾の攻撃を受け，58人の死者を出した。

　以後，アルカーイダ系列の組織は，トラック爆弾による攻

⇩マドリード（スペイン）の駅でのテロ事件（「エル・パイス」紙の第1面）——2004年3月11日，マドリードに向かう複数の近郊列車の車内に仕掛けられた時限爆弾が爆発し，200人近くが死亡した。

　数日後に総選挙を控えたホセ・マリア・アスナール政権は，はじめは「バスク祖国と自由」(ETA)の犯行と考えたが，すぐにイスラム過激派によるものであることがわかり，7人のテロリストが逮捕された。

　この事件の結果，スペイン社会労働党が選挙に勝利し，国民党の国民党は退陣，イラクに派遣されていたスペイン軍は撤退した。

051

撃を重ねた（1993年には、ニューヨークのワールド・トレード・センターも、トラック爆弾で攻撃されている）。また、2000年にはイエメンのアデン港で、小型ボートがアメリカ海軍の駆逐艦「コール」に自爆攻撃を行なった。

2001年9月11日のアメリカ同時多発テロ事件で、ワールド・トレード・センターのツインタワーと国防総省の本部庁舎を攻撃するために3機の飛行機がハイジャックされ、飛行機そのものが爆弾として使われた。つまり、それまで陸や海からしか行なわれていなかったテロ攻撃が、新しく空からも行なわれたことになる。より大規模な自爆テロが増えたことは、100人以上の犠牲者が出るケースがこの10年間で多くなっていることの理由のひとつとなっている。

セキュリティチェックが厳しくなるにつれて、特定の人物に近づいたり飛行機を爆破させる目的をもった自爆テロリストたちは、爆弾を携帯するために、さまざまな工夫を凝らすようになった。カメラ、靴、下着などのなかに隠したり、腹部に巻いて妊婦を装ったり、さらには飲みこむことまでしている。また、小包爆弾に加えて、パイプのなかに火薬をつめて密封したパイプ爆弾も、よく見られる。

最初はアイルランドやバスク地方で使われていたパイプ爆弾は、いまではイラクやアフガニスタンの兵士たちがもっとも恐れるものとなっている。インターネットのサイトで誰もが

⇧東京の地下鉄サリン事件（1995年3月20日）──オウム真理教のメンバーが散布したサリンで、12人が死亡した。教団は1990年からバイオテロを計画し、細菌、放射性物質、化学物質などの研究を進めていた。

簡単につくりかたを知ることができ、材料を手に入れることも難しくない。しかし、攻撃が失敗することはよくある。たとえば、2010年5月1日にニューヨークのタイムズスクエアで起きた、アメリカ人のイスラム過激派ファイサル・シャザドによる自動車爆弾による攻撃は、未遂に終わっている。

理論上、最悪の事態を引きおこすのはCBRN（C:化学、B:生物、R:放射性物質、N:核）テロである。放射性物質を盗んで拡散させるか、原子力発電所を攻撃することが、もっとも考えられる。CBRNテロの兆しは、すでにある。1995年には東京の地下鉄でサリンが散布され、同じ年にモスクワの公園で32キログラムのセシウムが発見された。2001年には、アメリカで炭疽菌入りの封筒が報道機関や上院議員に送りつけられている。また2002年には、アメリカのイスラム過激派ホセ・パディーヤが、放射性爆弾、毒入り果物やミネラルウォーターによるテロを計画した容疑で逮捕された。

インターネット上で行なわれる大規模な破壊活動であるサイバーテロも、起こる可能性がある。たしかに、イスラム過激派は、仲間とひそかに連絡をとりあったり、自分たちの主張をのべたり、メンバーを募集したり、新しいメンバーを養成するためにインターネットを使っている。しかし現時点では、コンピュータを介して、航空交通、水道、救急医療など

⇧ファルーク・アブドゥルムタラブ──「アンダーパンツ・テロリスト」と呼ばれるこのナイジェリア人の青年は、2009年12月25日に、下着に隠したプラスチック爆弾で、アムステルダム（オランダ）からデトロイト（アメリカ）に向かう飛行機を爆破しようとした。

彼はイエメンでイスラム教テロ組織から勧誘されてテロリストになった人物だが、インターネット上のコミュニティの常連でもあり、予期せぬ行動をする新しい世代のテロリストの典型とされている。

⇦ドイツのフランクフルト近郊「ビルト」紙の社内で行なわれた、炭疽菌入りが疑われた手紙の検査（2001年11月7日）──炭疽菌入りの封筒に対する警戒態勢が敷かれたことで、日常生活に支障が出たり、人びとの妄想が拡大した。

の生活基盤を揺るがすサイバーテロは起きていないし，サイバーテロによる死者も出ていない。

インターネットから政府機関のコンピュータネットワークが攻撃される事件は起きているが，その犯人は特定できていない。たとえば，2007年にはエストニア政府のコンピュータネットワークが攻撃され，2010年にはイスラエルのネゲヴ原子力研究センターのネットワークがコンピュータウィルスと思われる攻撃を受けた。うまくいけば，犯人が内部の人間か，能力を金銭で雇われた不正侵入者か，ということまでは判明する。しかし，大規模なサイバーテロが起きた場合，その犯人を特定することは難しいのが現状である。

## 組織化

1900年ころの何人かのアナーキストや，1978年から95年にかけて小包爆弾を送りつけたセオドア・カジンスキー，通称ユナボマーをのぞいて，テロリストは集団で活動している。

↑戦闘服を着てクーフィーヤ〔頭にかぶる布〕で顔を隠し，イスラエル人と戦う準備をするパレスティナ解放機構（PLO）のメンバーたち（1968年12月）——この姿は，1960年代から80年代まで，国際社会に強い印象をあたえたPLOの典型的なイメージである。

ファタハ，パレスティナ解放人民戦線（PFLP），パレスティナ解放民主戦線（DFLP）などからなるPLOは，アメリカからテロ組織と呼ばれていた。パレスティナの解放をめざす武装組織だが，政治組織の一翼を担うPLOは，必要な場合にしかテロという手段に訴えることはなかった。

テロリストは組織の一員として，技術を学び，資金を集め，食糧や武器などを調達する。テロ組織には，軍事力と一貫したイデオロギーだけでなく，秘密性と公開性がたえず求められる。これはテロ組織独自のもので，この点で秘密組織や陰謀組織とは性格を異にしている。

ネチャーエフは『革命家のカテキズム』(1868年)のなかで，「革命家は破滅した人間である」といっている。事実，初期のロシアの革命家たちは，最後まで組織に従うことを宣誓していた。たがいに知りあいである少人数のグループがつくられるが，メンバーは同じ知的環境，あるいは同じ宗派出身の場合が多い。「ドイツ赤軍」(RAF)のように，自分たちの組織の信条について論議しあい，メンバーの価値観を一致させるために時間を費やした組織もある。

しかし，共に潜伏生活を送っている非常に結束の固いテロ組織でも，ほころびが生じることはある。たとえば，1971年に結成された連合赤軍は，「総括」という名のリンチで同志を12人も殺害し，1972年の「あさま山事件」で壊滅した。

テロ組織は，官僚組織をまねた構造をもつ場合もある。実際の攻撃はわずか数分間のことでも，それまでには数カ月間の準備が必要となる。テロ攻撃そのものよりも，テロリストたちの日常生活のほうが費用がかかる。官僚組織の形を

↗ 岡本公三と戸平和夫（ベイルート近郊　2000年3月2日）――彼らはパレスティナ解放人民戦線（PFLP）と連携していた日本の極左組織で，パレスティナに拠点を置いていた日本赤軍のメンバーだった。

岡本は1972年のロッド空港（イスラエル）テロ事件で逮捕され，イスラエルで服役していたが，1985年にイスラエルとパレスティナのあいだで行なわれた捕虜交換のときに釈放された。レバノンに逃れた岡本と戸平は，2000年に旅券偽造の罪で収監され，刑務所内でイスラム教に改宗した。

とった組織は、身分証明書の偽装、隠れ家の準備、物資の補給などに、きわめて都合がよい。

「バスク祖国と自由」(ETA)、「アイルランド共和軍」(IRA)とその分派の一部などのように、軍隊式の構造をとっている組織もある。しかしそれらの組織には、選挙に立候補し、政治的な主張をのべることのできる政党が、味方としてついている。分派のなかには、革命税を強制徴収したり、協力者や亡命中の同国人に援助を求めることで、資金を調達する任務を負っているケースもある。

ハマスは、戦闘や自爆テロにあたる戦闘集団のほかに、議会に多くの議席をもつ政党で、パレスティナのガザ地区で慈善活動を行なう非政府組織 (NGO) や、プロパガンダを専門とする機関も運営している。このようにさまざまな部門があるため、メンバーの大半は潜伏生活を送るのではなく、正々堂々と社会生活を営んでおり、民衆からの人気も高い。

つまり、テロ活動を行なっているすべての組織は、ピラミッドのように序列化された構造（場合によっては、いくつかの

⇧式典で行進するハマスの保安部門のメンバーたち (2010年)——彼らは、正規軍の精鋭部隊のものとされている特徴を、すべてもちあわせている。つまり、制服を着て、顔に迷彩ペイントをほどこし、駆け足で移動し、ときの声をあげる。

ハマス（アラビア語で「激情」の意味。イデオロギー的には「ムスリム同胞団」に近い）をたんなるテロ組織と見る人びともいるが、実際には、数々のテロ事件を起こしてはいても、ハマスは議会に多くの議席をもつパレスティナの正式な政党で、規律の整った組織であり、慈善活動も行なっている。

専門分野にわかれていたり、軍事部門と政治部門にわかれていることもある）か、活動をしていく上で最小限必要な接触を維持した小さなグループが網の目のように横につながる構造のどちらかを採用している。また、ピラミッド状の組織と網の目状の組織を折衷しているケースも多く見られる。

いかにも軍隊のような名称の組織が、必ずしも極右組織というわけではない。1970年代のイタリアで、「プリマ・リネア」（最前線）という組織が「戦闘グループ」と「パトロール隊」に分割されたときの執行部は、イタリアの労働者自治運動であるアウトノミア運動に近いイデオロギーをもっていた。一方、アルジェリアの独立を阻止するために1962年に創設されたフランスの極右民族主義者による「秘密軍事組織」（OAS）は、軍人を中心に創設された組織だったが、たいした装備もなかったし、その存在はそれほど秘密にされてもいなかった。

また、動物の権利擁護を目的とした団体、アメリカのネオ・ナチズムの団体、指導者のいないイスラム過激派など、「リーダーなき抵抗運動」というスローガンをかかげて、自然発

⇧野外で訓練する「コロンビア革命軍」（FARC）の兵士たち（2002年）──彼らは非合法の軍事行動によってジャングルを占拠し、正規軍を執拗に攻撃し、交通網を破壊している。しかしそれ以上に、彼らは麻薬の密売組織と関係し、数多くの誘拐事件を起こしていることで知られている。

コロンビアの元大統領候補イングリッド・ベタンクールなど、大勢の人質と引きかえに、彼らは身代金を要求したり、政治的な取引をもちかけてきた。そのため厳密な意味でのテロリストというよりも、麻薬ゲリラとよぶほうが正確だと思われる。

生的なテロ活動を行なう可能性のある団体が、少し前から登場している。

　組織の実態について論争を引きおこしているのは、アルカーイダである。アルカーイダは、欧米のマスメディアからそう呼ばれるようになる以前の正式名称を、「ユダヤ・十字軍に対する聖戦のための国際イスラム戦線」といった。アルカーイダは、グローバル化症候群とでもいえるほど世界的に広がっているイスラム過激派の国際ネットワークで、その構造は商業におけるフランチャイズにたとえることができる。つまり、アルカーイダはたくさんのグループが集まった組織なのである。

　ビン・ラーディンが存命中には彼を中心に、彼の死後にはアル＝ザワーヒリーを中心に、ひとつのグループが存在する。しかしそれ以外に、多数の独立したグループがある。それらのグループは、従属関係というよりは協力関係で、さらにいえば、もっぱら形式上の「忠誠」によって結びついている。いっ

⇩「イスラム・マグレブ諸国のアルカーイダ」(AQIM)の指導者、アブデルマレク・ドゥルークデル──2008年のアルジェリアでの訓練時の写真。「説教と戦闘のためのサラフィー主義者集団」(GSPC)の後身であるAQIMは、アルジェリアを中心に近隣諸国で活動するイスラム過激派である。

　2007年にアルジェリアのアルジェとラハダリアで自爆テロ事件を起こして、数十人の死者を出している。

　ドゥルークデルは、アルジェリア政府とその共犯者たち（つまりイスラム過激派ではないすべての人間）は背教者なので、死に値すると考えている。

てみれば，アルカーイダはスローガンのようなもので，連帯のしるしとしての役割をはたしているのである。

　アルカーイダの名のもとに集まる組織には，おそらく3万5000人くらいからなる軍隊をもつ「イスラム・マグレブ諸国のアルカーイダ」（AQIM），3000人を殺害した「パキスタン・タリバン運動」（TTP）などがある。そのほかに，「一匹狼」として，「素人テロリスト」や，イスラム系テロリストのアメリカ入国を手助けする「ジハード・ジェーン」と呼ばれるアメリカ国籍の白人女性たちがいる。まちがいなくビン・ラーディンに会ったこともない，欧米諸国のパスポートを所持する人びとが，イスラム過激派の一員としてテロに加わることもある。これらの既存のテロリストの枠組みからはずれた人びととの動機を理解することは，きわめて困難である。

⇧野外で訓練するAQIMのメンバーたち（マリ，2010年）——AQIMはアルジェリアの国境を越え，セネガル，マリ，ニジェール，モーリタニアへと，アフリカのサハラ砂漠南縁に東西に広がる地域（サヘル）に広まった。

　人道活動家ミシェル・ジェルマノの殺害により，AQIMはフランスで広く知られるようになった。また2010年9月にはニジェールで，フランス人5人を含む7人を誘拐している。

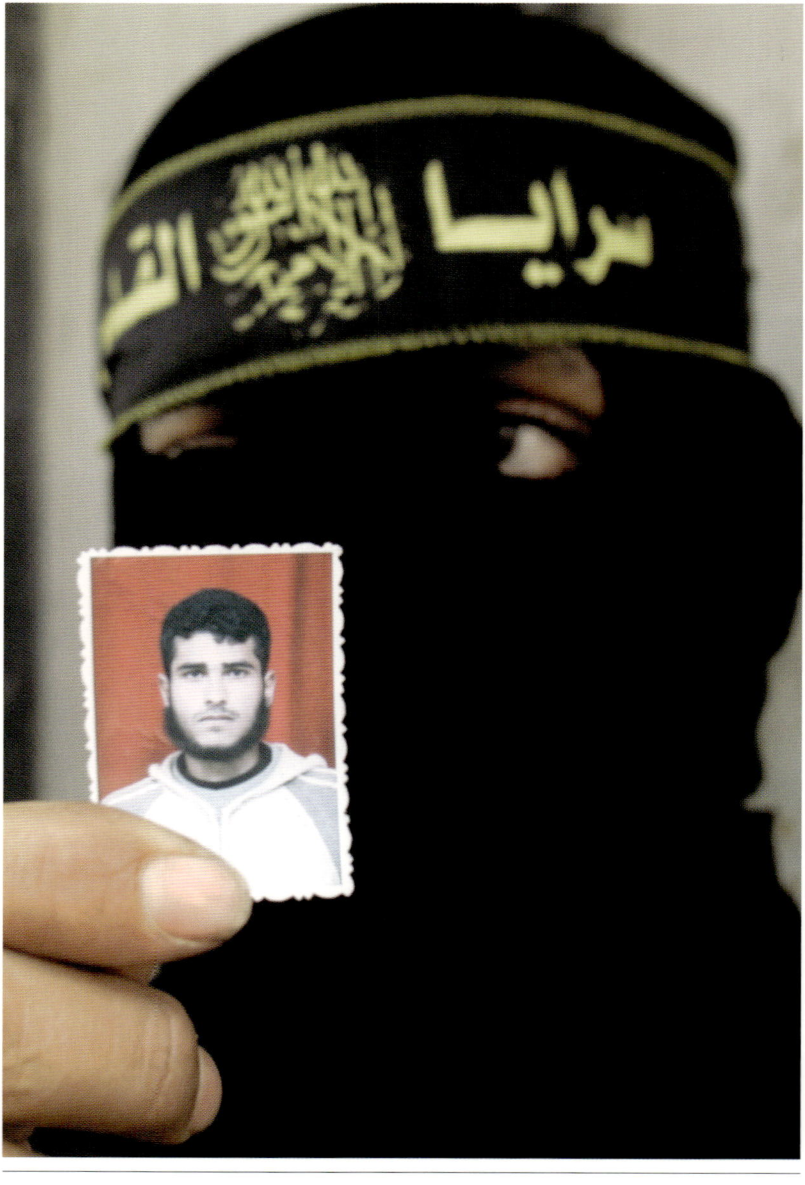
سرايا

❖敵に恐怖をあたえて動けなくすることは，大昔からの軍事戦略のひとつである。行為は宣言となり，その宣言を知らしめるために殺す，それがテロリズムのやり方である。フランスの社会学者レイモン・アロンによれば，テロリズムは「軍事的な効果をはるかに上まわる心理的な効果」を生みだそうとする。アメリカのテロリズム専門家ブライアン・ジェンキンズは，テロリズムは「大勢の人間が死ぬことを必要とせず，大勢の人間が見ることを必要とする」といっている。フランスの哲学者レジス・ドゥブレに言わせると，テロリズムは「見世物」なのである。 ……………………………………………………………………

# 第 3 章

# 演　　　　　　　　　　説

〔左頁〕自爆テロリストの写真を見せるイスラム過激派の戦闘員（2007年）──記念すべき殉教者や手本とすべき英雄の姿は，イスラム過激派の脳裏に深く刻まれている。

　われわれにとっては衝撃的なことだが，こうした自爆テロリストの写真や，アルゼンチン人の革命家チェ・ゲバラと一緒に描かれたビン・ラーディンの肖像（右）などは，イスラム過激派にとって，報復することの正しさを再確認させるための象徴なのである。

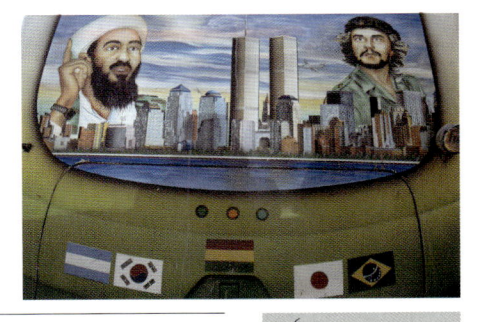

# 犯行と声明

　1881年、パリ・コミューン〔パリで誕生した民衆による革命政権〕の兵士たちを銃殺したフランス大統領ティエールの彫像が、爆弾テロによって破壊された。このとき、「死者に対するこの攻撃は、現在生きている人間たちへの警告である」という声明文が出された。それから120年後、ビン・ラーディンはまったく違う状況においてだが、2001年のアメリカ同時多発テロ事件を起こした自爆テロリストたちについて、こうのべている。「ニューヨークとワシントンでの行為によって、彼らは世界中の誰よりも力強い演説を行なった」

　つまり、テロリストの行為は表現手段で、政府や国民を譲歩させるための恐怖や威嚇以上のものを「伝えている」のである。

　テロ事件は、テロリストのアイデンティティー（「われわれはなにものか」）、思想（「なぜわれわれは戦うのか」）、計画（「われわれはなにを望んでいるのか」）を同時に教えてくれる。テロリストがそれらを、敵や潜在的な仲間、さらには国際社会に伝えるのは、自分たちのメッセージを引きついでいく人間が必要だからである。

　テロの宣伝効果は、どれだけ大事件として記憶にとどめられるか、どれだけマスメディアの関心を引くことができるか、どれだけ敵を反応させることができるかによって、大きく異なってくる。アルカーイダやアルカーイダ系列の組織は、実際に彼らが計画したのかどうかわからないテロ未遂事件の犯行声明を出すことがある。彼らは、テロ事件を成功させるよりも、自分たちはつねに戦う覚悟ができているということを公（おおやけ）に示したがっているのである。

　テロ事件の最初のメッセージは、犠牲者が誰か、その人物の職業、経歴、宗教、言語はなにかということからから示される。犠牲者が無名の人物の場合は、今後、あらゆる人びとが標的になる危険があることを意味している。政府の建

**恐**怖を引きおこすこと、語源的には途方もない恐怖で想像力に打撃を加えることは、可能なかぎり多くの人目を引く方法で暴力によって脅威をあたえることを前提としている。この意味で、2001年のアメリカ同時多発テロ事件のような出来事は、「見世物」や「演出」という言葉で表現することができる。

物や，または高級ホテルなど，テロ事件が起きた場所そのものも，重要なメッセージだ。たとえば2007年に，インドとパキスタン間を走るサムジハアータ（「友情」の意味）急行列車が爆破されたが，実際にこれは，両国の対立関係を悪化させることを目的としたものだった。

　また2001年のアメリカ同時多発テロ事件のように，犯行声明が出されないこともある。テロ攻撃について，ビン・ラーディンは「言葉なきメッセージ」，アル＝ザワーヒリーは「欧米諸国が理解できる唯一の言語」と説明している。テロリストが犯行声明を出す場合，声明文を現場に残す，報道機関

⇧アメリカ同時多発テロ事件（2001年9月11日）——逃げる群衆やタワーに激突した飛行機などの映像によって，この事件は人びとの記憶に深く刻まれることになった。しかし一部の例外をのぞいてマスメディアは，亡くなった人びとの尊厳を守り，テロリストたちを満足させないよう，犠牲者の遺体の映像は公開しなかった。

に声明文を送る，インターネット上でビデオを公開する，というように，その形は時代と共に変化している。

## メッセージ，シナリオ，恐怖

犯行声明は，おもに以下の4つの要素で構成される。

第1に，テロ組織は名前を名乗る。組織名は多くの場合，「戦線」「軍」「旅団」「団」「細胞」「党」などに，「民族」「革命」「労働」「イスラム」「秘密」「武装」「解放」などの言葉と，組織が活動する場所が組みあわされている。さらに「アイルランド共和軍」（IRA）や「バスク祖国と自由」（ETA）のように，警察とのあいだでとりきめられている暗号が，声明に添えられることもある。これは，その事件を起こしたのがたしかに自分たちであることをはっきりさせるためのものである。

テロ事件を起こすたびに，名前を変える組織もある。たとえば1970年代に外国の外交官を標的にしたある組織は，襲撃のたびに，ラウル・センディック（ウルグアイ人），フアン・マノ（バスク人），チェ・ゲバラ（アルゼンチン人）など，有名なテロリストの名前を冠した組織名を名乗った。

一方，1970年代初頭にできた「非武装で社会と戦う反逆

⇩声明文の冒頭に書かれた「赤い旅団」のロゴ（デザインされた文字列）——テロ組織は，こうしたロゴを犯行声明文に記したり，壁に描いたりする。

テロ組織の名称は，それぞれの組織の主張を雄弁に語っている。「赤い旅団」という名は，イタリアの共産主義の伝統と，階級闘争における武装した労働者階級という前衛的な組織の両方を連想させる。中央に置かれた円でかこまれた星は，ロゴをつくったメンバーによれば深い意味はなく，簡単に描ける記号を選んだだけだという。

↗「コルシカ民族解放戦線」（FLNC）の落書き——FLNCは，公式表明のなかでマルクス主義的思想と第3世界の連帯を声高に叫んでいる。そのことから，フランスからの独立をめざす武装組織である「アルジェリア民族解放戦線」（FLN）との共通点が感じられる。

覆面をして戦闘服を着たメンバーの姿は，非正規軍の兵士，都市ゲリラ，武装した抵抗運動の活動家などの系譜に連なるものである。

者たちの自治調整」（CARLOS）という反核テロ組織など，名称はうわべだけの組織もある。逆に1988年から，ウガンダで20年間残虐のかぎりをつくしているジョゼフ・コニーひきいる反政府組織は，「神の抵抗軍」という恐れを知らない大胆な名前を名乗っている。

「匿名」によるテロ事件，あるいははじめて姿をあらわした組織によるテロ事件は，その事件の背後にさまざまな陰謀があると噂されたり（イタリアでは，このような陰謀論を「ディエトリスモ」という），見当違いの組織を犯人に仕立ててしまうことがある。

1969年にミラノで起きたフォンターナ広場爆破事件は，ふたつの極左組織とふたつの極右組織が相次いで嫌疑をかけられた。1980年10月3日にパリのコペルニック通りでシナゴーグ〔ユダヤ教の教会堂〕が爆破された事件は，フランスのネオ・ナチズムの団体が起こしたと考えられ，当時のフランス大統領ジスカール・デスタンがこの事件に関与していると思われたため，数十万人の人がデモに参加した。しかし実際には，パレスティナ解放人民戦線（PFLP）の犯行であることが判明した。

第2に，テロ組織は自分たちの行為が誰の行為を代表し，自分たちの行為の正当性がどこにあるかを説明する。彼らは自分たちが国民や労働者や宗教当局を代表していると考え，

⇧壁に描かれた「バスク祖国と自由」（ETA）のロゴ──ETAのロゴの下には「ふたつの手段をとりつづける」という意味のスローガンが書かれている。このふたつの手段は，中央に描かれた「武装闘争を意味する斧と，政治活動という知恵を象徴するヘビ」によって表現されている。

ETAは長いあいだ「政治軍事」組織であろうとしてきたが，1974年以降，殺人，誘拐，「革命税」の強制徴収などを行なう軍事部門の力が大きくなった。

⇐イスラエル軍の兵士たちを殺したパレスティナの自爆テロリスト、アンワル・サカルの家族（1995年）——自爆テロを行なったイスラム過激派のメンバーを家族は誇りに思い、その肖像を大切に保管している。

　イスラム教では自殺は禁じられているため、自爆テロを容認する少数派の神学者たちは、説得力のある論理を構築し、主流派に反論する必要があった。そこで自爆テロで死ぬことは自殺ではなく、殉教にあたるという考えが生まれることになった。

　自爆テロによる攻撃の対象となるのは、罪のない女性や子どもたちではなく、なんらかの手段で善良なイスラム教徒を抑圧している人間である。したがって自爆テロはテロリズムではなく、自分たちの身を守るための聖なる戦いであり、信者としての義務であり、イスラム教徒の聖地を攻撃するユダヤ人やキリスト教徒との戦いなのだという論理である。

　自爆テロはイスラム教徒独自のものではなく、イスラム教徒が考えだしたものでもない。民族主義団体やマルクス主義団体、「タミル・イーラム解放のトラ」（LTTE）などヒンドゥー教の組織も、かなり以前から自爆テロを実践していた。

みずからを「歴史的な運命を約束された共同体に選ばれた人間」であると主張する。そして現在の状態がきわめて重大な危機にひんしているため、武器をとって戦わなければならないのだということを強調する。

　民衆的な表現手段が不十分であることや、カルロスの表現を借りれば「抑圧に対する合法的な抵抗手段が麻痺していること」を理由に、すぐにでも歴史を加速させなければならないと彼らはいう。テロ組織は、本物のテロリズム、つまり圧政という名のテロリズムに逆襲すること、そしてわれわれの絶望を知らしめることの2点を、みずからの正当性として

あげている。

　第3に，テロ組織は自分たちが誰を襲撃したのか，なにを不満に思っているのかを説明する。彼らにとって，自分たちがいまここで襲撃した人間は，たんなる象徴的な存在でしかない。つまり役人は国家を，経営者は資本主義を，入植者は帝国主義を，ナイトクラブで遊ぶ観光客は西欧諸国の堕落を象徴している。また最終的な敵も，「異教徒の国王たち」だったり，「世界連邦主義という陰謀」に加担する人びとだったり，たんなる占領軍だったりする。

　ここでは，連帯責任の原則が見られる。つまり同じ信仰をもつ信者たち，国民と政府，組合活動家やジャーナリストを含む体制側の人間は，それぞれ全員が同じ責任を負っているとみなされる。

　イスラム過激派の犯行声明で，もっとも重要なのは，流された血の代償という概念である。アフガニスタン，チェチェン，パレスティナで命を落としたイスラム教徒たちや，敵に殺された大勢の女性や子どもの存在が，テロ攻撃や脅迫を正当化する。そして，ニューヨークの高層ビルやイラクの非政府組織（NGO）など，さまざまなものを破壊することで，唯一の犯人である敵は報いを受けるというのである。

　聖戦(ジハード)に参加した「一匹狼」のテロリストたちは，すべてのイスラム教徒に対する不正を突然感じ，その償いとして相手

☆ 1980年代に刑務所でハンガー・ストライキによって命を落とした「アイルランド共和軍」（IRA）の戦闘員たちを称賛する壁画（ウエスト・ベルファスト，2000年4月）——こうしたIRAを称賛する壁画は，一種の記念建造物のような役割をはたしている（IRAと敵対するプロテスタント地区にもこうした壁画がある）。

　これらの壁画は，英雄たち，数々の勝利，多くの犠牲者を思いおこさせると同時に，組織の力と価値を賛美している。

　左の壁画で，礼砲を撃っているIRAの戦闘員たちはみな覆面をつけており，彼らが国家の正規軍ではなく非合法の軍隊に属していることがわかる。彼らは刑務所で命を落とした仲間たち（図版左下枠内の人びと）を称賛している。犠牲者たちを描いた肖像画は，聖画像のように飾られていた。

　IRAのほぼ1世紀の歴史のあいだで，武器を手にして死んだ戦闘員たちだけでなく，ハンガー・ストライキの犠牲者たちも大勢いた。アイルランドの壁画の伝統は1908年にさかのぼり，人びとは自分たちの英雄をたたえる壁画を描いた。現在，これらの壁画は修復・保護され，文化遺産のひとつとして，観光スポットになっている。

に謝罪を求めるため、襲撃におよんだといっている。彼らは彼らなりに、報復を行なったのである。

最後に、テロ組織は主義主張をのべる。襲撃によって得たものや、教訓を説明する必要がある。たとえば、「われわれは、敵の弱さを証明した。われわれは、好きなとき、好きな場所で襲撃することができる。われわれは（仲間の解放などを）命令することや、約束をとりつけることができる（そうでなければ、われわれは襲撃をつづける）」などという。

テロ組織の要求には、さまざまなものがある。「この世から消えうせろ」など、要求に答えることができないものもあるが、身代金の支払いや囚人の釈放など、交渉可能なものもある。たとえば「イスラム・マグレブ諸国のアルカーイダ」（AQIM）は、2010年10月から拘束している人質を解放する条件として、イスラム教徒の女性がヴェールをかぶることを禁止する法律を廃止し、人質の身代金を支払い、収監中の仲間を釈放することをフランス政府に求めている。

漠然とした大きな要求の下に、本当の目的が隠されていることも、めずらしくない。たとえば1985年にフランスで起きた一連の凄惨なテロ事件は、「アラブと近東の囚人たちとの連帯委員会」という架空の組織が犯行声明を出した。しかし実際には、それらはイランが黒幕の武装組織の犯行で、金融訴訟の解決と、イランのために働いていたテロリストの釈放を目的としていた。そしてその目的は達せられた。

# 恐怖と仲介役

テロ組織がさらに多くのことを主張したい場合、マスメディアが必要となる。まずは非常に影響力がかぎられた媒体に、印刷物がある。それらは非合法に印刷されたものだったり（20

⇩「ドイツ赤軍」（RAF）の人質になったドイツ経営者連盟会長ハンス・マルティン・シュライヤーの写真と、テロ組織から新聞社に送られてきた手紙のコピー（1977年10月8日）——RAFはシュライヤーを誘拐し、収監中の仲間の釈放を要求した。彼らにとってこの行為は、正義をなしとげることでもあった。シュライヤーはわれわれから見れば被害者だが、彼らにとっては労働者の敵だったため、犯罪者として、「人民の監獄」と名づけられた場所に監禁され、最後は殺害された。

世紀初頭のアナーキスト新聞には、爆弾の製造方法までが載っていた)、政府の規制の範囲内でテロリストの演説が紹介された御用新聞だったりする。

　テロ組織にとって、圧政を行なう現体制の共犯者とみなされて人びとから嫌われているマスメディアを味方につけることがまずは重要である。ジャーナリストたちの関心は、センセーショナルな出来事を紹介し、犯人たちの意図を説明することだが、それらは自分たちの主張をのべたいテロリストたちの思惑と完全に一致する。テロリストたちは、みずからの

◿ アルド・モーロ殺害のニュース(1978年5月9日)──「鉛の時代」〔極左武装組織によるテロ事件が多発した時代〕の重要な出来事であるモーロ誘拐事件について、「赤い旅団」はこういっている。「(1978年)3月16日木曜日、赤い旅団の武装グループは、キリスト教民主党元党首を逮捕し、人民の監獄に収監した。名高い特殊部隊の護衛5人は全員抹殺された」

　55日間の監禁中に、モーロの写真と手紙が報道機関、キリスト教民主党、ローマ教皇のもとに送られた。手紙のなかでモーロは、テロリストたちが要求している収監中の「赤い旅団」のメンバーの釈放を懇願した。同年5月9日（のちにこの日はイタリアで「テロ事件の犠牲者たちを追悼する日」となった）、モーロの遺体が発見された。それ以前の5月5日に、「赤い旅団」は公式表明でこう告げている。

「尋問と人民裁判を行なったあと、キリスト教民主党元党首は降伏し、死刑を宣告された」

　彼らは、モーロ殺害はイタリア共産党と共謀した政権によって収監された労働者階級の恨みを晴らすためだとのべていた。

思想を信じる知識人であり、多くの場合、かなりの読書家である。「赤い旅団」の公式表明が、それを物語っている。文字が紙全体にびっしりとタイプされ、自分たちの思想と信条に関する意見が事細かく記されている。

　なかには「コルシカ民族解放戦線」(FLNC)のように、居場所を特定されないよう自分たちが潜伏している森林地帯で記者会見を開く組織もあるが、非合法の存在であるテロリストたちが、自由に公衆の面前で言葉を発することができるのは、皮肉なことに法廷である場合が多い。テロリストたちは絶対的な沈黙(処刑)、あるいは不完全な沈黙(収監。ただし、刑務所内でも自分の意見をのべる文章を書くことができる場合もある)を強いられる前に、法廷でみずからの罪を告白し、それを後悔する機会があたえられる。

　19世紀フランスのアナーキストであるラヴァショルから、アメリカ同時多発テロ事件の容疑者である唯一のフランス人

⇧記者会見を行なう、ハマスの軍事部門、アル＝カッサーム旅団のメンバー(2010年12月25日)——テロリストたちは、当然のことながら人目を避けて活動しているが、彼らは同時に自分たちの思想を表明したり、戦いの理由を説明するために、大々的な宣伝をしたいと考えている。

　そのため、自分たちの行為や犯行声明に説得力がないと思われるときなど、彼らは自分たちの身が安全な地域にジャーナリストを招いたり、体制側だとわかっているジャーナリストを秘密の場所に連れて行って、記者会見を開く。

第3章 演説

ムサウイまで，大勢のテロリストがこの機会を利用して，自分の行為を認めたり，本物のテロリストは現体制だと主張してきた。なかには，最高の名誉としてみずから死刑を求めるものもいる。

弁護士も，彼らの仲介役である。「ドイツ赤軍」（RAF）の弁護士で，ベルリンの壁崩壊後，東ドイツの秘密警察（シュタージ）のエージェントであることが判明したクラウス・クロワッサンは，依頼人であり仲間であるRAFのメンバーたちのメッセージを伝え，あらゆる機会を利用して，彼らが抑圧されていることを国際社会に訴えかけた。一方，「アルジェリア民族解放戦線」（FLN）とカルロスを弁護した，「悪魔の弁護士」を自称するジャック・ヴェルジェスは，依頼人の罪を軽くするために熱弁をふるうのではなく，法廷そのものをやり玉にあげ，法廷が代表する秩序自体を非難した。

ラジオ放送は，テロリストの重要な通信手段である。電波は国境を越えるので，よい送信機を所有していれば，敵国に分散した仲間と連絡をとることができる。

テロ組織は，視覚的なメッセージも重視している。たとえば「ピストルを手にしたテロリストの写真」は，反抗を視覚化したメッセージである。1972年のミュンヘン・オリンピック人質事件のように，テロ事件がテレビで放送されたり衛星中継されれば，その衝撃は演説をはるかに超えることになる。国際社会の注目を浴びるため，テロ組織はテレビ映りがよく人目を引く標的，主要路線の飛行機や有名な観光地など，できれば国際的規模の標的を選ぶようになった。テロ組織がどれだけ政治に影響をあたえることができるかは，どれだけ視覚

⇩裁判時に声明文を読む「赤い旅団」のメンバー，スザンナ・ロンコーニ（1982年1月11日）──服役中のドイツ赤軍メンバーは刑務所内で文章を書き，「赤い旅団」のメンバーは裁判時に声明文を読みあげた。こうした行動は，彼らがみずからの立場を主張する絶好の機会となった。彼らは自分たちの行動を，一般人が社会に反抗したのではなく，マルクス主義者が革命を起こそうとしたとみなした裁判を激しく非難した。

071

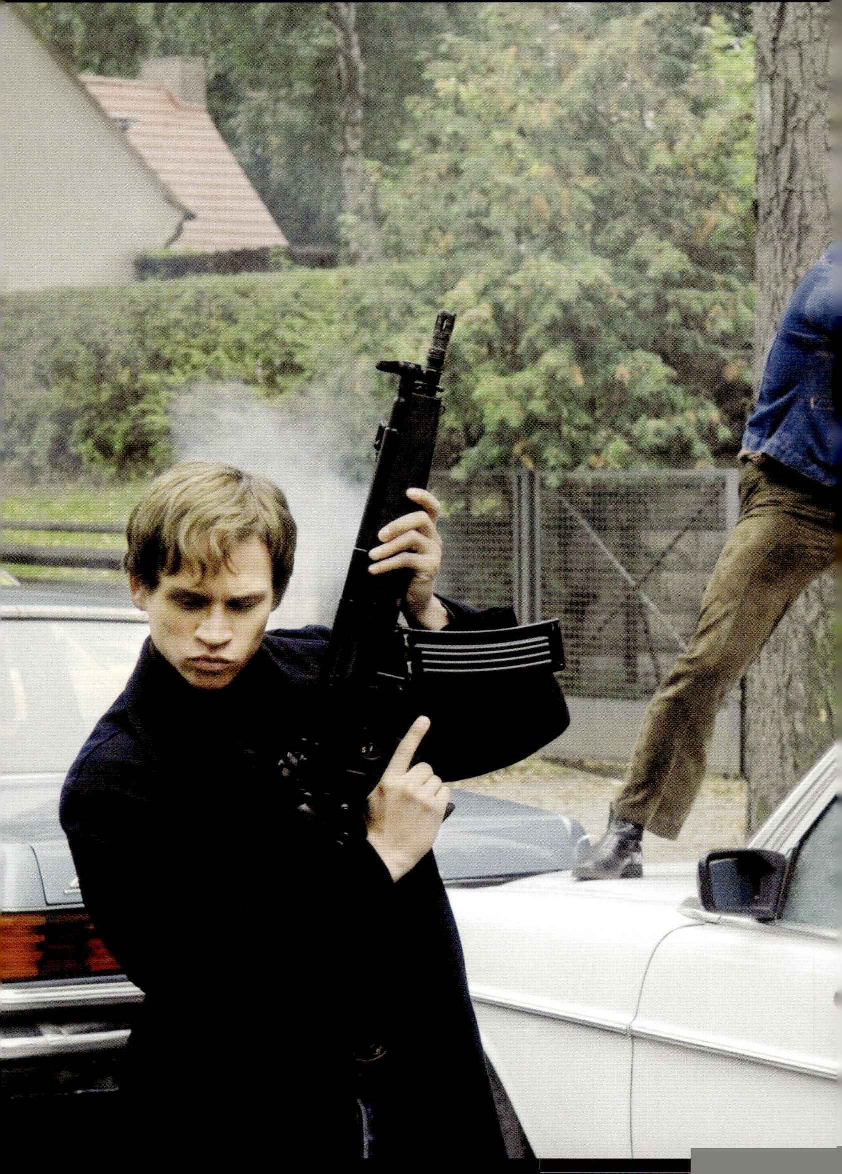

## 映画のなかのテロリズム

イタリアとドイツでは、極左組織や極右組織のメンバーを武装闘争に向かわせた心理を描いた、数多くの映画が製作された。

左は、ドイツ赤軍の10年間の闘争史を派手な暴力シーンと共に再現した、ウーリ・エーデル監督の映画『バーダー・マインホフ　理想の果てに』（2008年）の一場面。

その他、たとえばイスラム過激派を題材とした作品の視点も、さまざまなものがある。たとえば、ハニ・アブ・アサド監督の映画『パラダイス・ナウ』（2005年、74頁上）は、自爆テロに向かうふたりのパレスティナ人の姿を追ったものである。

また、1994年のエールフランス機ハイジャック事件を題材としたジュリアン・ルクレルク監督の映画『フランス特殊部隊GIGN』（2010年、74頁下）のように、テロ事件に立ちむかう側から描いた映画もある。

2001年のアメリカ同時多発テロ事件は、この10年間でほとんど映画化されていないが、その例外のひとつがポール・グリーングラス監督の映画『ユナイテッド93』（2006年、75頁はそのポスター）である。

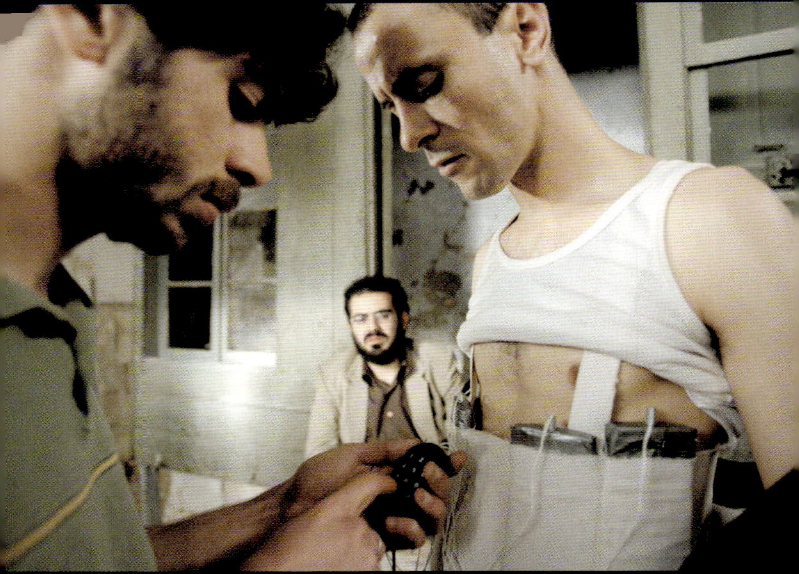

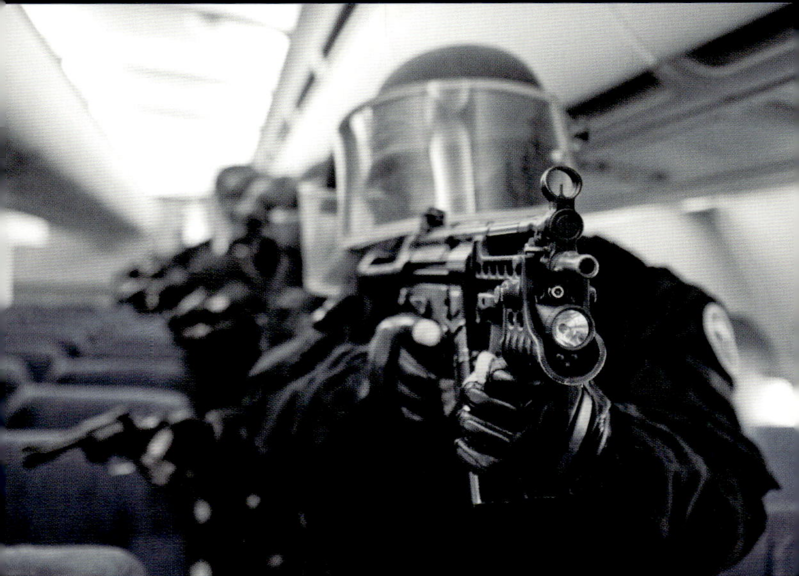

# UNITED 93

**September 11, 2001.**
**Four planes were hijacked.**
**Three of them reached their target.**
**This is the story of the fourth.**

IN MEMORIUM

JASON DAHL
LEROY HOMER
WANDA A. GREEN
LORRAINE G. BAY
CEECEE LYLES
SANDRA W. BRADSHAW
DEBORAH A. WELSH
CHRISTIAN ADAMS
TODD BEAMER
ALAN BEAVEN
MARK BINGHAM
THOMAS BURNETT
WILLIAM CASHMAN
GEORGINE CORRIGAN
JOSEPH DELUCA
PATRICK DRISCOLL
EDWARD FELT
COLLEEN FRASER
ANDREW GARCIA
JEREMY GLICK
LAUREN GRANDCOLAS
DONALD GREENE
LINDA GRONLUND
RICHARD GUADAGNO
TOSHIYA KUGE
WALESKA MARTINEZ
NICOLE MILLER
MARK ROTHENBERG
JOHN TALIGNANI
HONOR WAINIO

的に脚色された映像を流すことができるかにかかっている。

## 恐怖のシーン，怒りのネットワーク

見世物としてのテロ事件は，2001年9月11日のアメリカ同時多発テロ事件でワールド・トレード・センターのツインタワーが倒壊したとき，頂点に達した。この出来事はカメラに収められ，その映像はくりかえし放送された。一方，アルカーイダも映像メッセージを発表し，そのなかで，ビン・ラーディンが異教の偶像という意味で「イコン」とよぶ，金銭，傲慢，アメリカの象徴であるものを非難した。

衛星放送によるテレビの国際ニュースとインターネットによって，テロ組織の表現手段は一変した。さまざまな国際ニューステレビ局，とくに「アルジャジーラ」というアラビア語放送局が開局されて以来，テロ組織はそれぞれ自分たちのイメージを世界に向けて発信することができるようになった。

カタールのニュース放送局アルジャジーラは「テロリストのテレビ」と非難されるが，実際には，アメリカのニュース放送局CNNがカットしていると思われるニュースや映像の仲介者としての役割をはたしている。たとえば2001年に，アメリカ軍がアフガニスタンを攻撃したとき，アルジャジーラはビン・ラーディンのメッセージを流している。この放送局は，とくにアラブ人の目から見たアラブ世界の紛争を伝えている。

インターネットでも，イスラム過激派のテレビ番組を見ることができる。たとえばアス・サハブは，アルカーイダのビデオを制作している会社である。また，イスラム教シーア派の組織ヒズボラは，「アル＝マナール」というテレビ局をもっている。アメリカがテロ組織リストに載せているこのテレビ局の映像は，ヨーロッパでも衛星放送で中継されている。

とくにアラビア語圏の人間にとって，インターネット上でイ

⇩グローバル・イスラミック・メディア・フロントのロゴ——「聖戦ジハードを行なう人間は，軍事力による戦争と並行してマスメディア戦争も進めなければならない。すべてのことについて，自分の考えを表明しなければならない。なぜなら，マスメディアが民衆の支持を得たり，罪を告発するために，どのような影響を人びとに行使しているかを，われわれは知っているからである」と，2006年にグローバル・イスラミック・メディア・フロントは宣言した。1990年代にパキスタンで宣伝活動をしていたアルカイーダ・マスメディア委員会が母体と思われるこの組織は，ヨーロッパでインターネット・テレビ局「カリフ制の声」を運営し，英語字幕つきの番組で聖戦に関する知識を広めようとしている。

スラム過激派に関心のある人びとが集うフォーラムや爆弾の製造方法が書かれたサイトを見つけたり，イスラム過激派のビデオを見ることは難しくない。もちろん言葉や映像が人を殺すことはない。しかし，ひとりで，あるいは集団でテロ事件を起こす人は，行動に移す前にこれらのサイトをひんぱんに訪れて，モチベーションを高めようとすることが多い。

映画も，大きなリスクを冒すことなく，テロ組織にとって重要な役割をはたすことができる。人びとの心に訴えかけ，分散したグループのきずなを強め，メンバーを募集し，場合によっては技術的な知識をあたえ，公式表明を行なったり，説教や演説をすることができるからである。

インターネットのフォーラムやサイトは，テロ組織にとってまさに出会いの場だ。こうしたフォーラムやサイトのメンバーの多くは，仲間内で激論を戦わせるだけの「ヴァーチャル」な段階より先には行かないと思われる。しかし，ブログ，ユーザー参加型サイト，ウィキペディア〔誰でも記事を編集で

⇧殉教者たちの生涯を描いた映画のポスター──ビデオ製作会社アス・サハブによって製作された映画のポスター。インターネット上には，こうしたイスラム過激派の映画がいくつもアップされている。

アス・サハブ（「雲」の意味）は，公式には敬虔なスンナ派のビデオ製作会社だが，複数の国の政府は，アルカーイダのメディア部門と考えている。アス・サハブが製作した技術的に質の高い数百本の映画や，アルカーイダの指導者アル＝ザワーヒリーの声明は，アラビア語テレビ放送だけでなく，ビデオの形で携帯電話やDVDでも視聴することができる。

Usama Bin Laden
COLOGNE SPRAY
e 100 ml
Usama Bin Laden
COLOGNE SPRAY
JOINT PAIN RELIEVER
Godrej

第3章 演説

**20**01年のアメリカ同時多発テロ事件以降、ビン・ラーディンは奇妙な大衆文化の図像となった。たとえば、彼の顔がプリントされたTシャツ(⇦)、彼の顔がボトルに印刷されたオーデコロン（左頁上）、玩具（左頁下、戦車に乗ってビン・ラーディンを追いかけているのはアメリカのブッシュ大統領）などがつくられた。

彼の死後、モロッコの若者たちを対象にした調査から、驚くべきことがわかった。イスラム教徒の一部はビン・ラーディンをたんなるテロリストとはみなしていないのである。多くの人びとが、罪のない人びとの死に必ずしも同意しているわけではないにせよ、ビン・ラーディンが犯した罪は、欧米の人間が彼らに対して犯した罪よりずっと小さいものだと考えており、2001年のアメリカ同時多発テロ事件は、彼ら自身に屈辱をあたえた張本人である大国に対する象徴的な報復とみなしているのである。そのことは認めなければならない。

つまりビン・ラーディンは彼らの自尊心を体現した存在で、晩年の彼は実質的な影響をもはやほとんどおよぼしていなかったが、人びとにとって彼の重要性は少しも変わらなかったのである。

きるインターネット百科事典〕などの発展が，孤独な人間を自動的に過激化させていることはあきらかである。専門家たちは，これを「eジハード（電子聖戦）」などと名づけるようになってきている。

以前は，テロリストの声明文が翻訳されたり読まれることはめったになかったが，現在では，イスラム過激派のフォーラムの監視が対テロ戦争の一環として行なわれている。フォーラムを監視することで，テロリストの思想や動機，テロ活動にあたえられている宗教的・戦略的意味，敵対する勢力などを知ることができる。もちろん，事件が起きる正確な日時や場所はわからないが，少なくともその概要を把握することは可能である。

映像によるイスラム過激派のメッセージは複雑化しており，さまざまな種類にわけることができる。まずは，精神的指導者たちがとくに信者たちに向けた演説で，彼らは自分たちが受けている不正や，聖戦（ジハード）の宗教的正当性についてのべ，次の標的を脅迫する。さらに，たとえばジハードについて知りたい人なら誰でもインターネット上で質問できるコーナーをつくったアル＝ザワーヒリーのように，さらに積極的なメッセージを発する指導者もいる。しかし，ビン・ラーディンを含むイスラム過激派の指導者たちの映像によるメッセージは飽和状態のため，もはや欧米諸国の大使館やマスメディアをそれほど動揺させていないのが現状である。

次に，戦闘員の訓練風景や実戦の様子を撮影したビデオがある。たとえば，「ジュバ」と名乗るイラクの名狙撃手が，次々とアメリカ兵を照準器付きライフルで射殺する映像が，インターネットで流れ，人気を博している。

欧米文化圏では，殺害された人の残虐な映像を流さな

⇧アメリカ人の人質ポール・ジョンソンを殺害すると脅迫する「サウジアラビアのアルカーイダ」のリーダー，アブドゥル・アズィーズ・アル＝モグランと思われる人物（2004年6月）——イスラム過激派にとって，インターネットのサイトは仲間たちを励まし，自分たちの思想を広めるためだけでなく，自分たちの居場所を知られることなく敵を挑発したり，犯行声明を出したりするためにも役だっている。

このサイトは，アクション映画から着想を得た服装，わざとらしく見せびらかしている武器，断固とした態度，強烈な色あいなどと，コーランの祈りや政治的スローガンからなる文章の調和が見事にとれた構成になっている。

のが普通である。しかしイスラム過激派は，人質の処刑をテレビで放映する。人質ののどをかき切ったり，警察官や兵士などを銃殺する生々しい光景は，欧米人には到底耐えられない。イスラム教の原点への回帰をめざすイスラム原理主義者たちは，教義上，どのような形でも人間を映像化することを嫌う。しかし，この種の映像は，「神の敵」を罰する意味で役にたつため「合法」とみなしている。

　最後に，テロリストの遺言としての映像がある。われわれが「自爆テロリスト」とよぶ，本人は殉教者だと考えている人物が，テロ攻撃を行なう前に自分の犠牲的行為についてカメラの前で説明する。ときには，爆弾を積んだ自動車に乗りこむ前に仲間たちに別れを告げる場面まで，撮影されることもある。爆破の瞬間や，爆破後に人びとが逃げまどい，救急車がサイレンを鳴らしてやってくる場面まで，カメラに収められることもある。撮影されたビデオはくりかえし放映されたり，家族のもとに届けられる。こうして彼の行為は，人びとの記憶のなかで不滅のものとなる。彼の死そのものが，メッセージになるのである。

◪ 信者たちをひきいて中央モスクのそばで金曜礼拝を行なうシェイク・アブ・ハムザ（ロンドン，2003年1月）──イギリス国籍のアブ・ハムザ・アル＝マスリは，ロンドンのイスラム過激派の拠点であるフィンズベリー・パーク・モスク（現，中央モスク）の指導者で，若者たちに聖戦ジハードの思想を吹きこみ，自爆テロリストを勧誘していた説教師である（アフガニスタンの戦場で両手と片目を失っており，両腕につけられた大きな鉤から「キャプテン・フック」とも呼ばれている）。

　2003年に，彼はアメリカからの要求に応じたイギリス当局によって，アメリカ国内でイスラム過激派の戦闘員訓練所設立に関与したという理由で収監されたが，イギリス国籍だったため，アメリカに身柄が引き渡されることはなかった。

　2006年に，彼はイギリスの2000年テロリズム法の複数の条項に違反し，暴力教唆とテロリズムへの精神的支援を行なった罪で有罪判決を受けた。彼のケースは，国民の自由が保障されている国で暴力に訴えかけるテロリストへの対処の難しさを浮き彫りにしている。

**SPECIAL ISSUE**  MAY 20, 20

# TIME

www.time.co

❖「彼は殉教者として,神のもとに召された。アメリカに恐怖をあたえたこの男は,アメリカにつきまとい,死んでからも恐怖をあたえるだろう! 彼の栄光に満ちた呪いに,動揺しつづけるがいい。われわれが休息できないかぎり,そしてこの地上からイスラム教徒を一掃しないかぎり,おまえたちも休息することはできない」..................
　　　　　　ビン・ラーディンの死の翌日の,アル＝ザワーヒリーの言葉

# 第 4 章

# テロリズムは終結するか

〔左頁〕ビン・ラーディンが死亡したときの「タイム」誌の表紙(2011年5月5日)——ビン・ラーディンの死後,アル＝ザワーヒリー(右,絵画)がアルカーイダの指導者となった。しかしそれ以前から彼は,反米テロの作戦や戦略の責任者であったというのが,大半の見方である。

テロ事件は,歴史を変える可能性がある。第1次世界大戦のきっかけとなったサラエヴォ事件〔オーストリア＝ハンガリー帝国の帝位継承者フェルディナント大公夫妻が暗殺された〕や,2001年9月11日のアメリカ同時多発テロ事件がそれを証明している。一方,連続テロ事件が,首謀者たちが望んでいたような政治体制を生みだすこともある。

民主主義国家は,テロリストたちが勝利した最悪の場合,民主主義国家が合法的な国家でなくなる可能性があるといっている。しかし,すでに当の民主主義国家自身が,特例の法律や手続きを採用し,テロ組織を強引に抑圧し,テロ組織による蛮行をかえって助長させている。

たとえば,アルジェリアの独立を阻止するために創設されたフランスの「秘密軍事組織」(OAS)の後身にあたる秘密警察や,1983年から87年までスペインの「バスク祖国と自由」(ETA)のメンバーをフランス国内で殺害した対テロリスト解放グループなどが,抑圧組織としてあげられる。また1970年代のラテンアメリカでは,「体制転覆者」に対抗するため,拷問施設や殺害組織がつくられた。さらに,イスラエルやアメリカはテロリストを「ピンポイント」攻撃で暗殺している。

抑圧は現体制にその本性をさらけださせ,抑圧された人びとにそれぞれ自分の立場を選ばせる,とブラジル人の革命家カルロス・マリゲーラは『都市ゲリラ教程』(1969年)のなかでいっている。テロリズムが成功するかどうかは,敵の出方にかかっている。現体制の道徳的な信用を低下させること,あるいはときに殉教者という名誉を得られること以外に,テロリズムは本物の勝利を獲得することができるのだろうか。

⇩指名手配中の「ドイツ赤軍」(RAF)のメンバーたち(1984年のポスター)——テロ組織の第1の特徴は姿を隠すことで,多くの場合,メンバーは都会の雑踏にまぎれこむ。彼らを追う警察は,居場所をつきとめるために,西部劇に登場する「生死を問わず」賞金を出すと書かれた手配書まがいのポスターを作成して,人びとによびかけることもある。

RAFのメンバーたちの写真が掲載された1984年のこのポスターでは,彼らが武装していると説明されている。事実,彼らの多くが警察官に発砲していた。

## 決定不可能な勝利

よくいわれることに、次の言葉がある。ゲリラ、あるいは反乱者たちは、負けないかぎり勝利する。つまり、存続するかぎり勝利する。軍隊、とくに占領軍は、反乱者の最後のひとりまで排除して勝たないかぎり、敗北する。

戦争と同じくテロリズムは、法を犯し、民間人を殺害し、当事者の一方だけでは決着がつかない。軍隊と同じく、テロ組織は勝利をめざす。つまり、武器によって政治的意向を譲歩させる。テロ組織は大規模な軍隊をもっていないのに、歴

⇧キューバのアメリカ軍基地内にあるグアンタナモ湾収容キャンプの収監者たち（2011年1月）——アフガニスタンなどで逮捕されたイスラム過激派のメンバーは、裁判を受けることなく、ここに収監されている。この事実は、「対テロ戦争」の信用を大きく失わせた。オバマ大統領は収容キャンプの閉鎖を約束したが、いまだに実現していない。

史を変えようとする。はたして彼らのその目的は、達せられるのだろうか。

テロ組織が、相手を強制することによって優位に立つことは多い（身代金の要求や、収監中の仲間の釈放など）。1983年には、レバノンで自爆テロリストがフランス軍とアメリカ軍を爆撃した結果、両国の軍隊がレバノンから退却した。

テロ組織が、政治的目標を達することもある（独立を勝ちとる、現体制が崩壊するなど）。しかし、これはテロ活動の結果なのだろうか。

「アルジェリア民族解放戦線」（FLN）、「ユダヤ民族軍事機構」（エツェル）、「キプロス解放民族組織」、「アフリカ民族会議」（ANC）は、みな非合法のテロ組織とみなされていたが、のちに自分たちの希望どおり主権国家を手に入れた。

しかし、主権国家の獲得に成功したのは、テロ活動だけが理由ではない。テロ活動のほかに、プロパガンダが行なわれたり、民衆が自分たちの権利を主張したり、世論を動かしたり、場合によっては外国からの圧力もあった。イスラエル人とパレスチナ人は、エツェルと「パレスチナ解放機構」（PLO）のテロ活動がなくても、遅かれ早かれ自分たちの国

⇦1948年のメナヘム・ベギン──1913年にポーランドで生まれた彼は、両親をナチス・ドイツに殺害され、自身は強制収容所に入れられた。収容所から解放されると、ドイツとソ連の侵攻を逃れて発足したポーランド亡命政府の軍隊に入り、パレスチナへ行った。

1943年に軍隊を辞めて、パレスチナにユダヤ人国家を建設しようとするシオニズム運動に参加し、ユダヤ民族軍事機構（エツェル）に入った。

1944年から48年まで、彼は当時イギリスの統治下にあったパレスチナからイギリス軍を追いだすための地下活動を行なった。1946年には、イギリス軍司令部が置かれていたエルサレムのキング・ダビデ・ホテルを爆破し、91人もの死者を出した。1948年には、エルサレム近郊のデイル・ヤシーン村で住民を虐殺した。彼は穏健派のユダヤ人指導者ベン＝グリオンと対立していたが、1948年にイスラエル建国が宣言されると、エツェルの戦闘員たちをイスラエルの軍隊ハガナーに編入させた。

1977年5月から1983年8月までイスラエルの首相を務め、1978年にはエジプトとのあいだでキャンプ・デービッド合意を交わし、翌年にはエジプト・イスラエル平和条約を結んだ。

家を手に入れることができたのだろうか。彼らの主張は、爆弾がなくても受けいれられたのか。

ときには、自分たちがほとんど貢献することなく、テロ組織が目的を達することがある。たとえば、アルメニアはソ連の崩壊によって独立国家となった。しかし、アルメニア解放秘密軍（ASALA）がトルコの外交官を襲撃したり、1983年にパリのオルリー空港でトルコ航空のカウンターを爆破したことは、アルメニアが独立を獲得したこととまったく関係がないのだろうか。また、テロ組織がめざしていたことと、実際の結果が一致しないこともある。たとえば、ロシアの革命家たちは1917年に皇帝の専制政治が崩壊したのを体験したが、新しい権力者によって、彼らの多くは処刑された。

テロ組織が段階を踏んで権力を手に入れることはあっても、非合法の武装組織から一足飛びに最高権力者になることはない。テロリスト自身も、そのことは自覚している。彼らはたとえば自分たちの組織が正式な多数党になるなど、より

⇩オスロ合意の調印後に握手する、イスラエル首相イツハク・ラビン（左）とパレスチナ解放機構（PLO）議長ヤセル・アラファト（ワシントン、1993年9月13日、中央はアメリカ大統領ビル・クリントン）——アラファトは1959年に「ファタハ」を設立し、何十年ものあいだイスラエルに対して武装闘争を行なってきた。

彼は、イツハク・ラビン、イスラエル外相（現大統領）シモン・ペレスと共に、1994年にノーベル平和賞を受賞した。

優位な形の代表者となる以上のことは望んでいない。

　すべての理想が、同じように実現するわけではない。独立国家をつくったり、民衆が嫌う政府を打倒することは、この世に神の王国や社会主義国家を誕生させることよりも簡単である。民衆の大きな支持を得ることができる可能性の高い民族主義団体は、目的を達成させるチャンスに恵まれている。

　しかし、なにがテロ組織の本当の目的なのか。テロ組織は、なにを勝利とよぶのか。

　ときには、うわべの要求の下に実際の要求が隠されていることもある。たとえば、1984年から85年にフランスで起きた連続テロ事件で、テロ組織は表向き「アラブ人の政治犯の釈放」を求めていたが、裏では収監中のイラン人テロリストの釈放とイランへの金銭の支払いを要求しており、それらの要求は受けいれられた。

　また、あまりにも不条理に思われて、テロ組織の目的が理解できないこともある。たとえば、オウム真理教の幹部たちは、

⇩コペルニック通りのテロ事件に抗議するデモ（1980年10月4日）──パリのコペルニック通りでシナゴーグ〔ユダヤ教の教会堂〕が爆破され4人が死亡した事件は、当初すでに解散したフランスのネオ・ナチズムの団体が起こしたと考えられた（実際は違っていた）。

　20万人もの人が、その極右組織を非難し、当時のフランス大統領ジスカール・デスタンがこの事件に関与していると考えてデモに参加した。しかしその後すぐに、パレスティナ解放人民戦線（PFLP）の犯行であることがわかった。2007年に、共犯者と思われる人物がカナダで逮捕された。

東京の地下鉄にサリンを散布することで、なにを望んでいたのか。オウム真理教は1995年、97年、98年にこの世の終わりが来ると主張していたが、無差別に人を殺せば、この期日を遅らせることができるとでも考えていたのだろうか。

ラヴァショルからオクラホマシティ・テロ事件の犯人にいたるまで、綿密な計算にもとづくというより、悲壮な願望によって、テロ事件が起こされる場合もある。

## 普通の警察

テロリストがいつ勝利を収めるかを知ることは難しいが、いつ失敗するかを知ることはそれより簡単である。死ぬか、または逮捕されれば、テロ活動をあきらめざるを得ない。

テロリストは多くの場合、ごく普通に警察の前で敗北する。フランスでは、ほとんどがそうである。1900年ころ、数人をのぞいてアナーキストが警察の手に落ちた。両大戦間の1937年には、「カグール団」という極右組織のメンバーが120人逮捕されている。「秘密軍事組織」（OAS）のメンバーは、数百人が投獄された。「直接行動」は、情報提供者の裏切りによっておもなメンバーが一度に逮捕された。1981年に大赦があたえられて釈放された彼らは、情報提供者に報復し、ほとんど全員が6年以内に再逮捕された。

1995年にフランス国内でテロ事件を起こしたイスラム過激派のメンバーは、逮捕され、裁判にかけられた。2010年末のフランスでは、バスク人、コルシカ人、イランやアラブ諸

⇩パリのペルゴレーズ通りでポション警視（左）と彼の部下たちに逮捕された「直接行動」のメンバー、ナタリー・メニゴン（1980年9月13日）── ジャン＝マルク・ルイヤンと共に彼女が逮捕されたとき、銃が発砲され、偶然そこに居合わせたパパラッチがその光景を撮影した。アナーキストのテロ組織である「直接行動」は、この時期にはもう人を殺害する活動は行なっていなかった。

国と関係がある活動家，イスラム過激派と思われる人物など，300人が被疑者として取り調べを受けたり，投獄された。

イタリアでは，被疑者の数があまりにも多いこと（1983年の1年間だけで，4000人の人がテロ関連で有罪判決を受けている）と，情報機関がテロ事件に関与しているという疑いが消えないため，事情はもう少し複雑である。大勢の活動家が司法当局に協力したり，自分の罪を認めて組織を脱退したことで，「鉛の時代」〔極左武装組織によるテロ事件が多発した時代〕は終わりに向かった。

ペルーの武装組織「センデロ・ルミノソ」の指導者アビマエル・グスマンや，「クルディスタン労働者党」（PKK）の指導者アブドゥッラー・オジャランのように，カリスマ的なリーダーが逮捕された場合，組織自体がすぐに消滅するわけではないが，多くの場合，勢力は急速に弱まっていく。

どのようなイデオロギーをもっていても，非合法組織の指導者が殺害された場合，メンバーは気力を失うよりも，新しい仲間を募集しようとする傾向にある。

1942年にイギリス当局に射殺された「シュテルン・ギャング」（のちの「イスラエル解放戦士団」）の創設者アヴラハム・シュテルン，ボリビア軍に殺害されたアルゼンチン人の革命家チェ・ゲバラ，2004年にイスラエル軍に殺害されたパレスティナの政党ハマスの創設者シェイク・アフマド・ヤシンが，そのような例としてあげられる。2011年のビン・ラーディン殺害は，アルカーイダの衰退を早めていると思われるが，その有害性が弱まったかどうかは，まだ判断できない。

治安部隊がテロ組織を制圧するためには，有効な情報を

⇧シェイク・アフマド・ヤシンの肖像をかかげて行進するハマスの戦闘員たち（2004年4月）――パレスティナの政党ハマスの創設者である彼は，イスラエルで2度収監されたあと，2003年にイスラエル軍の空からのミサイル攻撃で命を狙われた。

その後2004年に，モスクを出たところでふたたび攻撃を受け，殺害された。ハマスのメンバーは，体が不自由だったヤシンを連想させる車椅子を押しながら行進し，イスラエル軍の「ピンポイント」空爆を非難した。

あらかじめ入手する必要がある。しかし、たとえば2001年の同時多発テロ事件以前、何十億ドルもの予算をあたえられていたアメリカの情報機関は情報収集に失敗しつづけたため、非難の的となっていた。ビン・ラーディンの殺害に成功したあと、ようやく汚名をそそぐことができたのである。

つまり、より多くの情報をもち、事件を的確に処理している警察のほうが、テロ組織に勝利する確率が高い。アメリカのシンクタンク、ランド研究所によれば、1968年から2006年のあいだに消滅した648のテロ組織のうち、40パーセントが警察によって、7パーセントが軍隊によって制圧され、それ以外は、平和な組織になったとはいえないにしても、少なくとも合法的な存在になった。

⇩ホワイトハウスでウサーマ・ビン・ラーディン襲撃作戦を見守るオバマ大統領と高官たち（2011年5月1日）——アメリカ軍の特殊部隊は、パキスタンで現地時間2日に行なった作戦の様子を、リアルタイムの映像でホワイトハウスに送っていた。

パキスタン領空で無人偵察機による「ピンポイント」爆撃でテロリストを殺害する戦略も展開しているアメリカ政府は、陰謀論が登場するリスクを冒して、ビン・ラーディンの遺体の写真を公開しないことを決定し、彼の遺体を水葬にした。

左上は、ビン・ラーディン殺害を知らせる「デイリー・メール」紙の第1面（2011年5月2日）

## 組織の終焉

帝国や企業と同じく、テロ組織もいずれは終わりのときをむかえる。1990年代初頭に、ニヒリズム、アナーキズム、分離独立派、極左組織、国際テロリズムなどの「テロの周期」は最大でも1世代以上つづかないという説が登場した。冷戦後、テロ組織は衰退しているという主張である。当時の研究によると、90パーセントの組織が1年以内に消滅し、10年以上存続しているのは5パーセントにすぎなかった。しかし、独立国家をつくるため、あるいは信仰のために戦っている組織は、当然のことながら長寿の傾向がある。

一方、以前の組織がふたたび姿をあらわすこともある。たとえば、最初の「赤い旅団」が設立されてから30年以上たって、「新赤い旅団」が活動をはじめた。また、ギリシアの「革命家党派」は、1973年から2002年に壊滅するまでのあいだに23人を殺害した極左組織「11月17日運動」の後継団体を自任している。

テロ組織は合併したり、名称を変えたり、分裂することもある。たとえば、「アイルランド共和軍」（IRA）には古くからさまざまな分派があるが、2006年には「IRA継続派」が誕生している。その一方で、1893年に創設された内部マケドニア革命組織（IMRO）と、共産主義崩壊後にマケドニアやブルガリアで誕生した「内部マケドニア革命組織」の名称がついた合法的な政党が、同じ系譜に連なる組織であるかはよくわからない。

長いあいだ、世界で一番、容疑者として行方を追われていた人物のひとりであるアブ・ニダルは、組織をめぐるしく変えながら活動をつづけた。パレスティナ解放機構（PLO）から除名されたあと、彼は1974年にファタハ革命評議会を、その後、アラブ革命評議会、アブ・ニダル・グループ、アラ

⇩1976年のアブ・ニダル──彼の写真はめずらしく、これはそのなかの1枚である。1937年生まれで、本名をサブリー・アル＝バンナーというアブ・ニダルは、1973年にパリのサウジアラビア大使館で人質事件を起こして以来、20ヵ国で900人もの人を殺害したり負傷させたテロ事件を起こしたと考えられている。

彼は2002年に死亡した。カルロスと同じく、彼はもっとも多い金額を提示した人物に雇われて、「爆弾による外交」を行なう人間になりさがった革命家の典型的な例である。

ブ革命旅団、黒い9月、社会主義革命組織を次々と創設した。彼のスポンサーも、時代とともに、イラク、シリア、リビアと変わった。

彼は、パレスティナの指導者たちを殺害し、フランスで空港やレストランを襲撃し、ヨーロッパ各地でシナゴーグ〔ユダヤ教の教会堂〕を爆破し、複数のハイジャック事件を起こし、ローマやウィーンの空港を爆破した。1988年のパンアメリカン航空機の爆破事件にも、関与していると考えられる。2002年に、イラクで大統領サダム・フセインの治安部隊に包囲されたあと、自殺か射殺によって、彼は死亡した。フセ

⇧「アイルランド共和軍」(IRA) の戦いを称賛するバリーマーフィーの壁画（ウエスト・ベルファスト）——同じように、IRAと敵対するプロテスタント地区でも、自分たちの戦いを称賛する壁画が描かれた。2005年に和平が結ばれたあとは、有名な英雄や出来事だけでなく、地元で活躍したメンバーの姿も壁画に描かれるようになった。

イン大統領は、おそらく彼の最初のスポンサーだったと思われる。この出来事は、カルロスと同じく、冷戦後にスポンサーを失ったテロリストの末路を象徴している。

軍事力は、有効なのか。たしかに1955年のフィリピンで、共産主義の抵抗組織「フク団」を、軍隊は鎮圧した。また、長い時間はかかったが、スリランカ軍は「タミル・イーラム解放のトラ」(LTTE)を制圧した。しかしこれらのケースでは、自分たちが自由に動ける範囲を広げるために、補助的な活動としてテロを行なっていた農村ゲリラが相手だった。つまり、都市部を不意に襲撃するテロ組織に対して、軍事力が有効であることを意味しているわけではない。

たとえば、1957年のアルジェの戦いで、フランスのパラシュート部隊は「アルジェリア民族解放戦線」(FLN)に壊滅的な打撃をあたえた。パラシュート部隊を現場で指揮していたビジャール将軍は、これは実際には戦闘ではなく、兵士が警察力を使って取締り活動をしただけだといっている。事実、FLNはこのとき消滅したどころか、その後アルジェリアの主

⇩イラク戦争時のイラク人女性とアメリカ兵（バグダード、2007年）——アメリカ大統領ジョージ・W・ブッシュは、「対テロ戦争」を宣言したことで、激しく非難された。ブッシュのいう「対テロ戦争」は、どこかの国や党派と戦うことではなく、戦争をするための手段にすぎず、とくにイラク戦争を正当化するための口実だったからである。

アメリカ軍の勝利と占領政策は、圧政から解放されたとイラク国民から歓迎されるどころか、戦争に疲れはてた彼らの敵意を招いた。

〔右頁上〕イラク戦争でアメリカ軍が幻の敵に攻撃していることを描いた風刺画

第4章　テロリズムは終結するか

要政党になった。

　レバノンやパレスティナのガザ地区へのイスラエル軍の介入と同じくらい疑問がある対テロ軍事作戦は，イラクへのアメリカ軍の介入である。たしかに，反乱に加わるために外国からやってきたイスラム原理主義〔イスラム教の原点への回帰をめざす思想〕組織は，敗北を喫した。しかし，戦闘員はイスラム教スンニ派武装組織「イラク・イスラム国」として再結集し，さかんにテロ活動を行なっている。

　それにもかかわらず，アメリカ軍はいわゆる「対反乱作戦」（この作戦はアルジェリア戦争時にフランスのガルラ中佐が考案し，その後，イラク戦争時にアメリカのペトレアス将軍も導入した）を積極的に展開し，ベトナム戦争でも，いまなおつづいているアフガニスタン紛争でも，あいかわらずこの作戦を用いている。

⇩ジッロ・ポンテコルヴォ監督の映画『アルジェの戦い』（1966年）のポスター──この映画は，1957年のマシュ将軍ひきいるパラシュート部隊とアルジェリア民族解放戦線（FLN）の戦いを描いたものである。ヤセフ・サーディをはじめとする実際のFLNの指導者たちが，映画のなかのFLNのメンバーを演じている。

　アメリカは都市部における対反乱作戦の実例として，この映画を研究した。また，非合法の破壊活動に対する理論書も，テロリズムとの戦いの参考とされている。

095

## 暴力から政治へ

テロ組織が確実に終わりをむかえると考えられるのは、政治的な力をもったときである。そのためには、非常に長い時間をかけた交渉が必要となる。

たとえば1998年に、北アイルランドのベルファストで、イギリスの首相、アイルランドの首相、アイルランド独立に反対の保守党員たちが、アイルランドのシン・フェイン党と和平合意にいたった。シン・フェイン党は、1969年以降のテロ活動で1500人の死者を出した「IRA暫定派」と密接に結びついた政党である。2005年に、ようやく「IRA暫定派」は武装解除を行ない、すべての武装闘争を終え、「もっぱら平和的な手段」へ移行すると宣言した（「IRA暫定派」から分派した急進派は、依然として武装闘争を行なっている）

「パレスチナ解放機構」（PLO）の地位の向上は、さらに目覚ましい。現在では、PLOはパレスチナ陣営でもっとも穏

⇧ネルソン・マンデラ大統領とイギリス女王エリザベス2世（1996年）──マンデラは1994年から99年まで南アフリカの大統領を務め、1993年には当時の南アフリカ大統領で白人のフレデリック・デクラークと共に、平和的にアパルトヘイト（人種隔離政策）を撤廃したという理由でノーベル平和賞を受賞した人物である。

しかし、いまは英雄である彼も、かつてはテロリストと呼ばれていた。1952年からアフリカ民族会議（ANC）の指導者だった彼は、武装闘争を行なうようになったため、1964年に終身刑に処せられたていたからである（のちに釈放）。

健で良識的な組織とみなされている。1964年に創設されたこの組織は，2004年に自身が亡くなるまでヤセル・アラファトがひきいていた。長いあいだ人びとの目に，アラファトは大勢の罪のない人を殺害した過激なテロリストとして映っていた。そのイメージが消えたのは，1993年にイスラエルとPLOがオスロ合意に調印してからである。1年後，彼はかつての敵だったイスラエル首相イツハク・ラビンと外相シモン・ペレスと共に，ノーベル平和賞を受賞した。

1989年にはコロンビアの「M19」（4月19日運動）が，1992年にはエルサルバドルの「ファラブンド・マルティ民族解放戦線」(FMLN)と「モザンビーク民族抵抗運動」(RENAMO)が，それぞれ政府と和平を結んだ。ラテンアメリカとアフリカでは，ほかにも多くの武装組織が合法的な存在への道を歩んでいる。

テロ組織の活動が大国の利益と一致したり，適切な敵を相手にしている場合，専制政治に反抗して武器をとる「自由の戦士」という地位に移行する場合がある。たとえば，アメリカはコソヴォ解放軍（UCK）を1999年にテロ組織リストからはずした（アメリカはかつて，ネルソン・マンデラひきいる南アフリカのアフリカ民族会議（ANC）もテロ組織とみなしていた）。また，イランの反体制武装組織ムジャヒディン・ハルクは，現在，欧州連合（EU）のテロ組織リストに載っていない。さらに，コロンビア革命軍（FARC）やハマスも，テロ組織リストから除外すべきだという声があがっている。

このように，「テロリスト」と「自由の戦士」は表裏一体の存在なのである。

⇧コソヴォ解放軍（UCK）の勝利を祝うアルバニア人の若者たち（1999年7月2日）——コソヴォのアルバニア人による戦闘組織であるUCKは，1998年まで，アメリカからヘロインの密売と関係があるテロ組織とみなされていた。しかし1999年に，北大西洋条約機構（NATO）は，コソヴォからユーゴスラビア軍を撤退させるために空爆を行なった。ユーゴスラビア軍が撤退し，コソヴォが国連の保護下に置かれると，アルバニア人はUCKの勝利を祝い，UCKは正式な治安部隊に改組された。

# テロリズムの未来

　少なくともビン・ラーディンが亡くなる3年前から衰退していると思われるアルカーイダの末路については，たびたび議論の的となっている。ブッシュ政権の末期には，アメリカがイスラム過激派を軍事的に排除しようとすることで多くの敵をつくりだし，テロリズムを終結させるどころか，「終わりのない戦争」に突入したということがあきらかになった。

　現在生きのこっているアルカーイダの指導部が，2001年のアメリカ同時多発テロ事件と同じくらい派手な「パフォーマンス」をすることができると確信している人は，きわめて少ない。アルカーイダが弱体化した要因には，テロ事件を起こす力が低下したこと，シーア派やイスラム教徒の民間人を攻撃するという戦略上のミスを犯したこと，メンバーが脱退したこと，イスラム共同体のなかでアルカーイダを非難する声が高まったこと，組織内でイデオロギーの激しい対立が起きたと思われること，などがあげられる。

　しかし，毎週のようにアルカーイダ系列と思われる組織からの犯行声明がある。もっとも，それらは未遂事件や，小包爆弾のような小規模な事件であることも多い。

　また，「パキスタン・タリバン運動」(TTP)，「イエメンやアフリカのサハラ砂漠南縁」(サヘル)のイスラム過激派は，実際にアルカーイダの系列であるというよりも，宣伝のために，いまだにアルカーイダの名前を引きあいに出している。

　一方，アフガニスタン，パキスタン，チェチェンなどへの「テロ・ツアー」を必ずしも経験したわけではない個人，あるい

⇩「レクスプレス」誌に掲載されたイラスト（11年5月4日）――ビン・ラーディンの死は，アルカーイダに致命的な打撃をあたえるのか，それともこのイラストのように，枝わかれした根からあらたな指導者たちが生まれるのか。後継者のアル＝ザワーヒリーがまだ生きているのなら，しだいに地方分散化する組織をまとめなければならない状況に直面していると思われる。

〔100頁〕ベルファスト（北アイルランド）の「アイルランド共和軍」(IRA)の壁画（1997年）

第4章 テロリズムは終結するか

は小さなグループによる、新しいテロリズムが広がっている。この新しいタイプのテロリストたちは、温和な市民として普通の社会生活を営んでいることが多い。

彼らは、以前のように非常にモチベーションの高い人間だけを集めた、過激派の組織に属していたメンバーとは異なり、一度も戦闘経験がなかったり、専門技術を少しももちあわせていなかったりする。彼らが起こすテロ事件は粗雑だが（つまり、失敗率もきわめて高い），予測も探知もできず、いつ発生するかもわからない。彼らは、突然、復讐の念に駆られて、衝動的に事件を起こすことが多いと考えられる。

この新しいタイプのテロリズムは、相手に強制する戦略というより、生きるか死ぬかを相手に選択させる戦略のように思われる。このことは、ビン・ラーディンがたびたび口にしていた次の言葉を裏づけている。

「おまえたちが命を愛している以上に、われわれは死を愛している」

⇧グラウンド・ゼロで黙祷するアメリカ大統領バラク・オバマ（2011年5月5日）——ビン・ラーディンを殺害したことで、アメリカは精神的な満足感と威信のほかに、たとえばアフガニスタンのイスラム過激派タリバンと歩み寄る余地を獲得した（つまり、タリバンとアルカーイダの関係をうやむやにすることができるようになった）。

しかし、同時多発テロ事件直後は団結していた同盟国も、その後のアメリカの対応の正当性を疑問視するようになり、国際世界におけるアメリカの影響力は、はっきりと低下している。

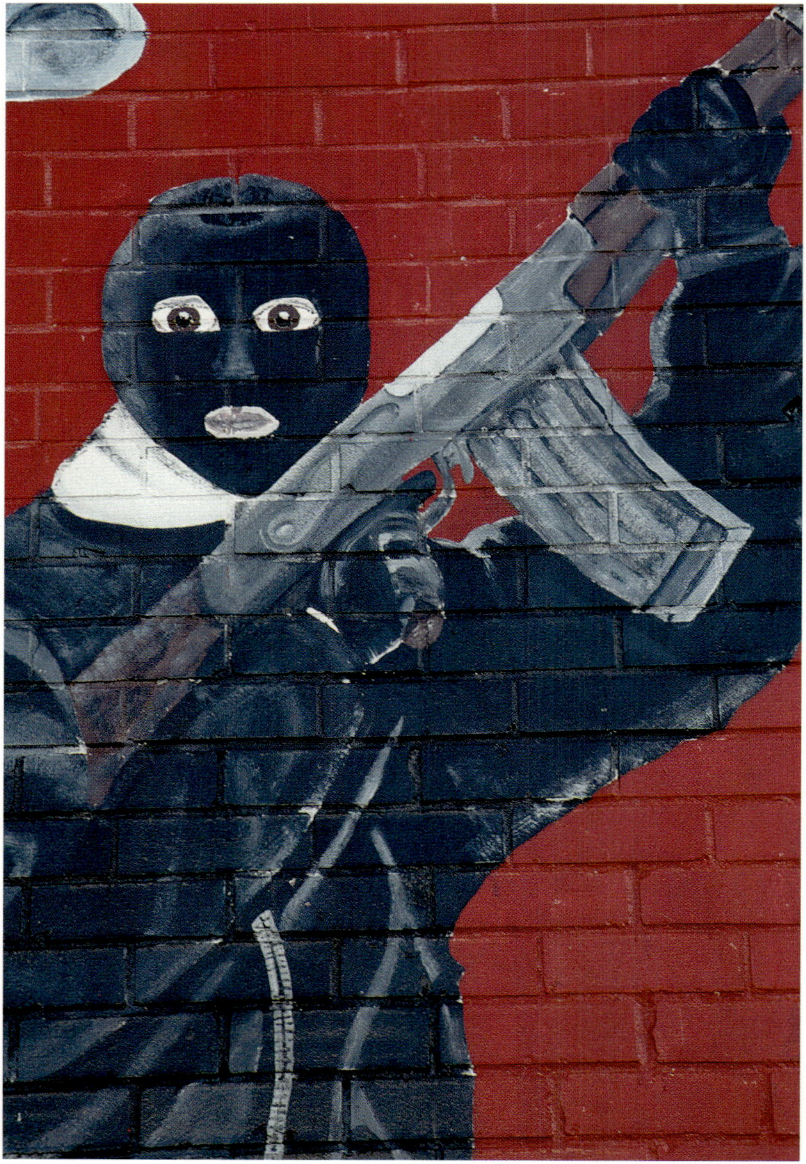

## 資料篇
# テロリズムの正体

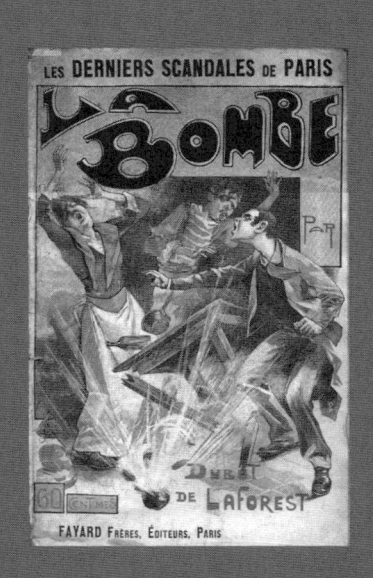

## １ 定義できないテロリズム

　テロリズムの定義をめぐって，はてしない論争がくりひろげられている。テロリズムとは，国家以外の当事者による行為だけを指す言葉なのか。それとも国家による抑圧もテロリズムなのか。テロリズムと，占領軍に対する抵抗運動やゲリラ，暴動，暴力的なデモとは，どのように違うのか。テロリストと呼ばれるためには，罪のない民間人を殺す必要があるのか。

　万人が認めるテロリズムの定義ができない理由のひとつに，国家以外の当事者による「下からの」テロリズムと，理論上「合法的な」暴力の所持者である政府が，国民（あるいは占領した国の住民）を恐怖によって従わせる「国家によるテロリズム」が存在することがあげられる。その点について，フランスの哲学者ジャック・デリダは，次のようにいっている。

　テロリズムの一般的な定義，あるいは明白に法的な定義から，なにがわかるか。法律（国内法あるいは国際法）の違反による人間の生命に対する犯罪という点から見ると，民間人と軍人が区別され（テロリズムの犠牲者は民間人と想定されている），政治を目的としている（民間人に恐怖をあたえることで，国の政治を左右したり，変えたりする）ことがわかる。つまり，これらの定義では，「国家によるテロリズム」は排除されていない。世界中のすべてのテロリストが，自己弁護のために，国家がすでに行なったテロリズム，そのように名づけられてはいないが多少とも信用できるありとあらゆる種類の正当化がなされた国家によるテロリズムに反撃している。

　たとえば，アメリカが国家によるテロリズムを実行，あるいは助長したと非難されていることはよく知られている。また，宣戦布告がなされた国家間の戦争時でも，ヨーロッパの古いしきたりにもとづいて，

テロリズムはひんぱんに起きていた。ふたつの世界大戦時になされた多少とも大規模な爆撃よりずっと以前から、民間人を威嚇する行為は古典的な手段だった。それは、何世紀ものあいだずっと、行なわれてきたのである。

> ジャック・デリダ
> 「テロリズムとはなにか」
> 「ル・モンド・ディプロマティーク」紙
> （2004年2月）

　国際機関が、テロリズムの定義づけに合意することはけっしてない。アラン・ボーエルとフランソワ＝ベルナール・ユイグは、次のようにいっている。

　国連にとって、テロリズムを定義することはそれほど難しくない。しかし、加盟国の多くは定義することを拒否している。なぜなら、みずからの過去に関係していたり（抵抗運動、解放、あるいは脱植民地化によって、現在の権力を手に入れたケース）、テロ組織を支援しているという事情があるためである。それにもかかわらず、国連事務総長は、テロリズムの「おどし」の性格に固執し、なんとか定義しようとくりかえし提案している。その定義とは、「住民、政府、組織をおどして法律を犯させたり、反対に法律を犯させないようにするために、民間人や非戦闘員を殺す、あるいは傷つけるすべての行為」というものである。
　面倒を避けるため、政府の多くはテロ組織リストを作成しているが、そこからは、分類、客観性、公平さに関する難しさが見えてくる（これは、カルト団体を指定する過程の難しさと同じである）。

　公的な規定ではないにしても、少なくとも学術的な意義をもち、国際機関で用いられることが多いのは、オランダ人研究者シュミットによる以下の定義である。
　「テロリズムは、非合法に活動する個人や、（なかば）非合法の集団や国家によって、特異的、犯罪的、あるいは政治的な理由で、不安をあたえるためにくりかえし用いられる暴力的な行動手段である。──暗殺とは異なり──直接暴力が行使される標的は、おもな標的ではない。直接暴力の犠牲者となるのは、一般的に無作為で選ばれたり（ゆきずりの標的）、候補者のなかからあらかじめ選ばれたりする（代表的、あるいは象徴的な標的）が、彼らはメッセージを送る役割をはたす。テロリスト（テロ組織）、（潜在的な）犠牲者、複数のおもな標的のあいだで行なわれる、暴力あるいは脅迫にもとづく交渉過程は、おもな標的（民衆）を操るために利用される。その交渉過程で、一番の目的が威嚇、強制、あるいはプロパガンダであるかによって、恐怖の対象、要求の対象、注目の対象がつくられる」

　文体に関する問題は置いておくとして、テロリズムを次のように定義すれば事態を単純化することができるのではないか。つまり、テロリズムとは、人の死をもたらし

たり，もたらす危険をかえりみず，政治的な意図で象徴的な標的を対象とした，非合法組織による攻撃的な行為の実践――襲撃――である。これはすでに203番目の定義になるかもしれないが，われわれはこのようにテロリズムを定義しておくことにする。

アラン・ボーエル＆<br>
フランソワ＝ベルナール・ユイグ<br>
『テロリストはつねに犯行を予告する』<br>
PUF（2010年）

**実際に重要なものと考えなければならないのは，いわゆる対テロリズム作戦を実行に移している国，つまりアメリカにおける定義である。アメリカの大学で教えるアラン・B・クルーガーとイトカ・マレコーヴァは，次のようにいっている。**

一方で，万人が認めるテロリズムの定義は存在しないことを法的に確認させている〔アメリカの〕国務省は，多くの政府と国際機関がそのようなものとして理解している定義を総括していると考えられる。1983年以降，国務省は統計と分析の目的において，以下の定義を用いている。

「テロリズムは，政治的な動機をもって，とくに一般大衆に影響をおよぼすため，非戦闘員に対してなされた，非合法の集団や個人による計画的暴力を意味する。『国際テロリズム』という言葉は，1国以上の国民あるいは領土が関係していることを意味する」

また，国務省は次のように明言している。

「非戦闘員には，民間人以外に，事件時に武器をもっていない，あるいは勤務時間外（またはその両方）の軍人も含まれる。さらに，軍事的に敵対していない状況での，軍事施設や軍人への攻撃もテロ行為とみなす。たとえば，ペルシア湾，ヨーロッパ，あるいはその他の地域のアメリカ軍基地への爆撃などである」

他方で，大学人はテロリストたちの目的が，彼らの強い確信が直接の犠牲者たちになされる悪事を上まわるとき，標的となった民衆に恐怖や不安を引きおこすことにある点を強調する傾向がある。

アラン・B・クルーガー<br>
＆イトカ・マレコーヴァ<br>
『教育，貧困，政治暴力，テロリズム<br>
そこには因果関係があるのか』<br>
（2002年5月）

# ② ニヒリストとアナーキスト

政府に対して武器をとった19世紀末から20世紀初頭のロシアの革命家やヨーロッパのアナーキストたちは, 自分たちの行為を正当化するため, あるいは民衆による戦いとの違いを説明するために, たくさんの文章を書いた。

## あるニヒリスト像

ネチャーエフは, 非常に短い独創的な作品である『革命家のカテキズム』を書いた。

1. 革命家は, 前もって有罪を宣告された人間である。革命家は個人的な関心をもたず, 財産も, 感情も, 愛着も, 土地も, 名前さえももたない。彼のなかにあるものは, ただひとつの関心事, ただひとつの思考, ただひとつの情熱, ——つまり革命だけである。

2. 革命家は言葉だけでなく実践においても, 治安, 文明社会, あらゆる法律, あらゆるしきたりや容認されている状況, そしてあらゆる道徳性と徹底的に関係を断ちきっている。文明社会は容赦ない敵であり, 革命家がそこで生活しているのは, 完全にそれを破壊するためでしかない。

3. 革命家はあらゆる教条主義を軽蔑し, 平和を目的とする学問とは縁を切り, それを将来の世代に任せた。革命家が知っている学問はただひとつ, 破壊の学問である。この目的のため, この目的だけのために, 革命家は力学, 物理学, そしておそらく医学を研究している。この目的のために, 革命家は日夜, 人間, 性格, 境遇, 人間のさまざまな階級に存在するあらゆる社会秩序の様式についての, 生きている学問を研究している。革命家の目的は, ひとつしかない。この卑劣な秩序を, できるだけ早

く，できるだけ確実に破壊することである。

4．革命家は，世論を軽蔑する。革命家は，あらゆる理由とあらゆる表現方法による，現代社会の道徳性を軽蔑し，嫌悪する。彼の目には，革命の勝利に貢献するものとしての道徳性しか存在しない。革命を妨げるものは不道徳なものである。

5．革命家は，前もって有罪を宣告された人間である。政府と社会を代表するすべてのものに対して容赦しない革命家は，この社会からのいかなるあわれみも期待してはならない。社会と革命家のあいだは，たえまない戦争状態にあり，それは和解することが不可能な，公然の，あるいは秘密の死闘である。革命家は，毎日死ぬ覚悟をしなければならない。革命家は，苦痛に耐えることに慣れなければならない。(略)

セルゲイ・ネチャーエフ
『革命家のカテキズム』(1868年)

# 爆弾の道徳性

ゲラシム・タルノフスキー（別名ロマネンコ）は，1830年に亡命先のジュネーヴで『テロリズムと因習』を書いた。そのなかで彼は，革命を促進するテロリズムの「道徳性」について説明している。

テロリズムは，悪の元凶に対して攻撃を行なう。テロリズムが民衆の苦しみを終わらせるなら，反乱の意味が明確になるだろう。そして民衆にも理解できるようになり，民衆が専制政治を嫌うように仕向けることができる。政府みずからが，そこに一役買う。習慣的に，政府は無益な残虐さ，さらには反対の効果を生みだしさえする残虐さを激化させ，このような状況における思慮を欠き，粗野で制御できない要素をあてにする。

前代未聞の新しいすべてのものと同じく，テロリズムによる革命は，はじめはある程度の混乱を社会にもたらした。しかし，社会の大半はその意味を理解していた。そして最初の混乱は，やがて専制君主への嘲笑や怒りに，革命への共感に変わるのである。

これが，国民を解放する正しい手段である。ロシアのテロリズムについて，あるフランス人はこういっている。「これがまさしく科学的な革命である」。この言葉をきちんと理解し，忘れないようにしてほしい。

テロリズムによる革命は，その目的は道徳的で，その方法は民衆による革命よりも良識的で，人道的で，つまりは倫理的なのである。

ゲラシム・タルノフスキー
『テロリズムと因習』
ジュネーヴ (1880年)

# 立ちむかい，正当化する

普通法にもとづく罪（「政治がらみの」爆破事件を起こした罪ではなく）で死

刑を宣告された裁判で、ラヴァショルは以下の声明文を読みあげようとしたが、裁判長にさえぎられた。

　おそらく人びとは早い時期に、心身の平穏を得るためには、犯罪と犯罪者を破壊しなければならないというアナーキストたちの言い分が正しいことを、結局は理解するだろう。それは、いままで耐えてきた、そしておそらく今後も耐えなければならない窮乏、それらが終わることは期待できない窮乏による緩慢な死をむかえるよりも、少しの気力さえあれば、たとえ苦しみのはてに死ぬことになっても、自分の幸福をもたらすものを荒々しくつかみとることを望む人間を抹殺することではない。

　そういうわけで、私は人びとに非難されることをしたが、原因とはまったく関係のない結果を厳しく罰する法律の犠牲者が増える一方であるこの野蛮な社会では、必然的な結果でしかない。残酷にならなければ同胞を死なせることはできない、と人びとはいうが、そのようなことをいう人間は、自分自身がそれを避けるためにそのような決心をするだけだということを理解していない。

　同じく、陪審員の方々、あなたがたはおそらく私を死刑にするだろう。なぜなら、あなたがたはそれが必要だと信じており、私の死があなたがたを満足させるからである。あなたがたは、人間の血が流れるのを見るのが嫌いなくせに、自分たちの安全を確保するためには、人間の血が流れる必要があると考えている。だから、あなたがたは私以上に、そうすることをためらわない。しかし、あなたがたがまったく危険を冒さずに人間の血を流そうとするのとは違い、私は、自分の自由と生命を危険にさらして行動した。

　そういうわけで、裁くべき犯罪者など、もはやいないのである。しかし、一掃すべき犯罪は存在する。立法府は法律の条項をつくる際、原因を非難することを忘れ、ただたんに結果だけを非難した。つまり、少しも犯罪をなくそうとしなかった。事実、原因が存在するのだから、結果はつねにそこから生じるのである。犯罪者は、いつまでも存在しつづけるだろう。なぜなら、今日、あなたがたがそのひとりを殺せば、明日は10人生まれるからである。

ラヴァショル<br>裁判のために書かれた声明文<br>「ラ・レヴォルト」誌No.40に掲載されたもの（1892年7月1〜7日）

## 行為によるプロパガンダ

　1880年代ころから、絶対自由主義者たちのあいだで、「行為によるプロパガンダ」——民衆を目覚めさせるとみなされている暴力（これをテロリズムの暴力とよぶ人もいれば、革命の暴力とよぶ人もいる）が大きな位置をしめるようになった。アナーキズムを信奉する国

際労働者協会（AIT）は、1881年に次のような動議を採択した。

　AITは、口頭と文書によるプロパガンダに、行為によるプロパガンダを加える必要性を認めた。また、全体的な革命の時期はそう遠くないことと思われる。（略）以上のことから、大会は所属団体が（略）以下の提案に同意することを要望する。
　（略）さまざまな行為によって、革命思想と反乱精神を広める。（略）合法的な場の外に出て、（略）革命へいたる唯一の道である非合法の場で行動するために、この目的に沿った手段を使うことが必要となる。（略）すでに革命の大義に役だっている、そして将来はさらに役だつことになる技術的な知識や化学の知識を、（略）攻撃と防御の手段として研究し、応用することを、大会は組織と個人に強く勧める。

ロンドンでの革命的社会主義者大会<br>（1881年7月）

## 極悪法

　1899年に書かれた小冊子のなかで、のちに人権同盟の代表となるフランシス・ド・プレサンセとエミール・プージェは、アナーキストたちの陰謀だけでなくアナーキズムの思想やその擁護までも抑圧するために1893年と94年に制定された法律を、「極悪法」だといって非難している。

　人びとに恐怖をあたえるテロ事件に関して、私を知る人間は、私がどのような寛大さも見せないことをまちがいなく予想しているはずである。しかし、議会が1893年と94年に、十分な準備もなく、信じられない状況のなかで、性急さと軽率さによって急いで可決した措置は、われわれの権利のあらゆる原則の侵害以外のなにものでもない。
　これらの特別法は、アナーキストたちだけを対象としており、実際に彼らだけに適用されるとしても、法律の不名誉にあたる。なぜなら、これらの特別法はあらゆる原則に反しているからである。社会が存続しつづけるためには、これらの措置の失効と消滅に、みずからの手で署名することが必要だろう。社会の安全は、専断や不正に基礎を置くものではない。少数の人間による犯罪と、少数の人間の暗黙の了解と、大勢の人間の怠惰と、さらに大勢の人間の無関心によって抑えがきかなくなったこの国の恐るべき危機は、権利の味方、正義の断固たる擁護者、公明正大な共和主義者のなかには、なんらかの危険や義務に目を向ける人がいるとしても、必ず大きな代償をともなうことになるだろう。

フランシス・ド・プレサンセ<br>＆エミール・プージェ<br>『極悪法』（1899年）

## 直接行動

　行為によるプロパガンダから直接行動への移行は、直接行動という一見とまどうような言葉にもかかわらず、実際には爆弾を捨てて革命的な組合活動を行なうことを意味している。

　それでは、直接行動とはなにか。個人と集団だけが用いることのできる手段によって、社会階級間の敵に対して行なわれる、個人あるいは集団の行動である。一般的に、直接行動は、組織化された労働者や、進歩的な人間によって用いられ、政府の援助を受けた（あるいは受けていない）議員行動と対照される。議員行動、または間接行動は、もっぱら合法的な場で、政治集団や議員を介して展開される。直接行動は、合法の場合も、非合法の場合もありうる。直接行動を行なう人間は、そのことを気にかけてはならない。直接行動は、なによりもまず、あらゆる場で、労働者の力を経営者の力に対抗させることだからである。社会階級間の紛争解決において、合法かどうかということは、少しも関係がない。それらを解決するのは、ただ、力だけである。

　しかし、直接行動は必ずしも暴力をともなうわけではない。かといって、暴力を排除してもいない。また、必ずしも攻撃的なものでもない。直接行動は、経営者から受けた、あるいは受けつつある攻撃に対する、非常に防御的、あるいは予防的なものである。たとえば部分的、または完全なロックアウト（工場閉鎖）が例としてあげられ、短期間で終わることもあれば長引くこともある。直接行動は、労働者階級が唯一もつことのできる、文字どおりの社会的武器である。これ以外の方法では、労働者階級は、すべての束縛から、すべての権力から、労働者階級の専制というきわめて不合理な専制を含むすべての専制から、免れることができない

ピエール・ベスナール
『労働組合と社会革命』（1930年）

## マルクス主義とテロリズム

　ロシアの革命家レーニンと同じくトロツキーも、流血沙汰を嫌ったからではなく、階級闘争のしくみに反していると考えたため、個人を対象としたテロリズムに反対した。

　ごく少量の火薬と鉛の小片だけで敵の首を貫いて殺すことができるなら、階級組織が存在する必要があるだろうか。社会的地位の高い人物に爆音で恐怖をあたえることに意味があるなら、政党が存在する必要があるだろうか。議場の傍聴席から大臣席を狙撃することが簡単にできるなら、なぜ、集会、世論喚起、選挙をする必要があるのか。

　われわれの見解では、個人に恐怖をあ

たえることははっきりと認められない。なぜなら，それは民衆の役割をおとしめ，民衆自身が自覚をなくし，みずからの無力さを受けいれ，復讐者や解放者といった英雄に目を向け，いつの日かその英雄がやってきて，使命をはたしてくれることを望むようになるからである。「行為によるプロパガンダ」を行なうアナーキストの預言者たちは，増大し活発化していくテロ活動の影響を民衆にあたえたいと望んでおり，実際にその望みは完全にかなえられると主張するかもしれない。しかし，理論的考察と政治的経験から，次のような事実が証明されている。つまり，テロ活動自体がより「有効」で，その衝撃がより大きければ，みずからを組織化し，みずからを教育しようという民衆の関心は薄れていく，という事実である。

　われわれがテロ活動に反対するのは，個人的な報復では十分ではないから，という理由だけにもとづいている。資本主義体制を相手にわれわれがつけるべき決着は，あまりにも大きすぎて，将来大臣になることを約束されている公務員のひとりを攻撃するだけでは到底足りない。人間に対するすべての犯罪，人間の心身が従っているすべての低劣さ，現行の社会制度の変形した姿や余分に突出した部分を見ることを学び，この制度に対する戦いに全精力を傾けること，その目的のなかにこそ，燃えるような復讐の念は精神的にもっとも大きな満足を見いだすべきなのである。

L・トロツキー
「マルクス主義者はなぜ，個人を対象とした テロリズムに反対するのか」
「デア・カンプ」誌所収（1911年11月）

# ③ 民族主義者と独立派

19世紀末から現在まで、ニヒリストやアナーキストたちが政府を破壊するために攻撃をつづけている一方で、非合法の武装闘争を行なっているために権力当局がテロ組織とよんでいる団体の大半は、民族を代表して活動している。

また、独立派の武装組織も、自分たちが住む地域や地方を、たとえそれが民主的な存在であっても、中央政府から解放することを要求している。

これらの「秘密軍」や「解放戦線」は、イデオロギー的には非常に大きな違いがあるが、父祖伝来の土地をよりどころとしていたり、その土地に自分たちの国家を建設、あるいは再建することを望んでいる点で共通している。

## すぐに、革命を

自伝的な著書のなかで、エルンスト・フォン・ザロモン（1902～72年）は、プロイセン軍の若い将校が1918年に敗北したあと、義勇軍に入ってバルト地方の共産主義者たちと戦い、その後、テロ組織「コンスル」の一員として、1922年にヴァイマール共和国時代のドイツを象徴する人物だった外相ラーテナウの暗殺に関与したいきさつを語っている。

「われわれがいま、最後の試みをする危険を冒さないのは」と、彼はいった。
「将来を考えたとき、おそらくそれは結局手遅れになるからだ。われわれのなかで高ぶっているものは、あらゆる指導者たちのなかでも同じようにわきたっている。しかし、たえまない活動によってでしか、それを形にすることはできない。発展は、素早い動きのなかでつねに増大していく衝撃をみずからにあたえなければならず、熟考する時間的猶予はなく、一瞬の必要性を前にして、もっとも原始的な生活が強いるあらゆる手段に頼ることになる。革命は、決してほかの方法ではなされない。そして、われわれは革命を望んでいる。われわれは、さまざまな計画、手順、方法を負担とは思わない。だから、第一歩を踏みだし、突破口をつくるのは、われわれの役目である。われわれは、任務が完了したときに姿

を消さなければならない。われわれの任務は，支配することではなく，衝撃をあたえることである。(略) 私は，その人物のまわりに集まったすべての人間を凌駕する男を殺すつもりだ」

私は，のどがからからになり，こうたずねた。

「ラーテナウ？」

「ラーテナウ」と彼は答えた。そして立ちあがると，こういった。

「この男の血は，永遠に分離されなければならないものを，決定的に分離させることになるはずだ」

エルンスト・フォン・ザロモン
『追放されたものたち』(1930年)

## テロリズムなしの革命はない

1930年に，アイルランド共和軍(IRA)を連想させるHRA(ヒンドゥスタン共和国連合)という別名をもつヒンドゥスタン社会主義共和国連合(HSRA)は，バグワト・チャラン・ヴォーラーの文章によって，非暴力抵抗運動を行なったマハトマ・ガンディーとは異なり，イギリス軍に対する武装闘争を奨励した。チャランは，みずから仕掛けた爆弾によって爆死した。

テロリズムは完全な革命ではないが，革命はテロリズムがなければ完成しない。この主張は，歴史上のどのような革命を分析しても，裏づけることができる。テロリズムは，圧政を行なう人びとの心に恐怖を少しずつ注入し，一方で，抑圧された民衆に希望と救いをもたらす。テロリズムは，躊躇している人間に勇気と自信をあたえ，社会に存在する人種的偏見を揺るがす。なぜなら，それは民族が自由を渇望していることを，説得力をもって証明しているからである。ここインドでも，過去のほかの国々と同じく，テロリズムは革命に発展し，革命は，社会的・政治的・経済的独立に変わるだろう。

ガンディーは思慮分別のあるすべての人に，革命家たちを支持するのをやめ，彼らの活動を非難するように求めた。暴力を扇動しなければ，暴力行為が毎回引きおこしてきた無意味さと不幸を，革命家たちが理解するようになるというのである。革命家たちを無分別だと断言し，彼らを支持せず，彼らを孤立させ，彼らの活動をやめさせるよう，失望した民衆によびかけるのは，どれほど簡単なことか！ とくに，多くの民衆から信頼されている人物にとっては。公的生活の経験が長いガンディーが，革命家たちの心理を理解できず，理解しようともしないのは，残念なことである。

ヒンドゥスタン社会主義共和国連合
(HSRA)の声明文
1930年1月にインドで非合法に広まったもの

## テロリズム，それは希望

アルジェリア戦争中の1958年，フランスの作家アンドレ・マルローは，のちに「ヌーヴェル・オプセルヴァトワール」誌を創刊するジャン・ダニエルと，当時タブーだったテーマについて対談した。そのテーマとは，占領軍にまさしくテロリズムと呼ばれていたフランスのレジスタンス（対独抵抗運動）と，フランスからの独立を目指して爆弾によるテロ攻撃を行なったアルジェリア民族解放戦線（FLN）の比較である。レジスタンスとテロリズムを区別するのは，目的の正当性なのか。テロリズムは，いわば期待されている勝利を目指す戦略的手法なのか。『人間の条件』（この小説の主人公は，陳という名前の中国人のテロリストである）の著者マルローは，次のように答えている。

**ジャン・ダニエル** テロリズムについて，どう考えていますか。

**アンドレ・マルロー** テロリズム，それは希望です。希望がなければ，テロリズムは消滅します。自発的に。あるいは，アメリカ軍が上陸してきたので，人びとは〔フランス中部を流れる〕コレーズ川の橋を爆破し，鉄道のレールをはずしました。アメリカ軍が上陸してこなければ，これは抑圧になります。住民は，われわれと敵対します。これは，〔フランスの詩人〕ボードレールのいう「とりかえしのつかないこと」です。とりかえしのつかないこととテロリズムは共存しません。

**ジャン・ダニエル** 戦略的な視点からはそうでしょうが，個人のレベルで見るとどうでしょうか。

**アンドレ・マルロー** それは別の話です。あなたがた北アフリカの人びとは，私を少しも驚かせません。私は，あらゆる種類のテロリストを知っています。彼らを分類する必要があります。〔ロシア〕大公セルゲイの話を，もちろんご存知でしょう。テロリストたちは爆弾を投げようとしましたが，馬車に子どもたちが乗っていたので躊躇しました。結局，彼らはやめました。そして仲間のもとに戻り，悲しみと弁明をのべました。実際，彼らは孤独なのです。私の小説の主人公，陳も，また孤独なのです。

**ジャン・ダニエル** つまり，彼らはすぐに道徳的な世界にはまりこんでしまったのですか。

**アンドレ・マルロー** そのとおりです。それは道徳的な孤独なのです。コレーズ川のレジスタンス活動家たちが偉業をなしとげたあと戻ってくる一方で，あなたがたアルジェリア人は爆弾を置いたあとに仲間と一緒に祝杯をあげる。これはもはや，孤独とはまったく関係がありません。それどころか，集団という強制力が働いています。しかし，テロリスト個人の原動力は，また

別の問題です。まず　もちろんテロリストはなによりもまず「大胆」な人です。気性の問題です。そうです。土台は気性です。次に，テロリストはたいてい復讐の念をもっています。テロリズムは抑圧の原因となりますが，抑圧はテロリズムを準備します。基本的には，兄弟，父親，母親が殺されたり，侮辱されたことです。あるいは友人もそうです。テロリストのあいだでは，友情による連帯が重要さをもっています。そのことを考えてみてください。妻よりも，親族よりも，友人なのです。しかし，気性がしっかりしていれば　たとえ友人が殺されても，希望がないので，テロリズムは起きません。

**ジャン・ダニエル**　しかしアルジェでは，あなたがおっしゃる「とりかえしのつかないこと」が起きる危険があるときに，テロリズムが試みられたように思うのですが。軍事的抑圧のあと，何度か社会秩序の回復に成功したあとのことです。

**アンドレ・マルロー**　いいですか。希望とはなにかということを，理解しなければなりません。それは，自分自身，テロリスト自身にとって，すぐに成功するという確信ではないのです。私は，地下組織が壊滅するのを知っているにもかかわらず，レジスタンス活動家たちが喜びながら死んでいくのを見ました。希望は，歴史的な推進力，避けられない未来なのです。

アンドレ・マルローとの対談（1958年）「メディウム」誌，No.7（2006年4〜6月）に再録されたもの

## ブルゴス裁判でのバスク祖国と自由（ETA）：敵の姿を暴露する

1970年，フランコ独裁政権下のスペインで，16人のバスク独立派が，警察官に対するテロ事件で裁判にかけられた。抑圧を告発するために彼らはこの裁判を討論会に変え，自分たちの大義を知らしめ，国境を越えた連帯運動を引きおこした。

裁判がはじまる前に，この裁判のおかげでわれわれが達成するつもりだった目的のひとつが，ファシズム政権の法廷がそれを望まないままわれわれに示したプロパガンダの基本方針によって利益を得ました。法廷は，合法的であることを主張することでみずからのわなに落ちたのですが，そもそも最初からこれは完全に違法のばかげた茶番劇にすぎないのです。

われわれが裁判を利用したかったのは，バスク人，とくにバスクの労働者階級が完全に解放されるために行なっている戦いを国際社会に知らせるためです。それは，われわれが非常に楽観的に予想していた以上に成功したと考えています。

この意識の目覚めに関してわれわれが知っていることは，とくにファシズム政権の御用新聞（われわれに認められている唯一の情報源）が口を閉ざさなかったこ

とにかぎられていますが、御用新聞がくやしがって足を踏みならしている様子は、それが御用新聞の実際の姿であることをあきらかに示しており、この意識の目覚めが非常に深いところで起きている兆候をあらわしているのです。

実際われわれは、この裁判によって世界中ではじまった国際的な連帯の非常に大きな動きに、仰天し、感動しています。われわれバスク人の戦いとのこの連帯は、まちがいなくわれわれを勇気づけてくれるでしょう。

率直にいって、人びとがわれわれにかけてくれた連帯の言葉のひとつひとつ、われわれに見せてくれた連帯の態度のひとつひとつを、われわれは無視せず、裏切らないということを断言することができます。この連帯によって、われわれはこれからもたえず全力で、どのような抑圧とも戦いつづける決心をかためました。

また、起きたことも疑いなく役に立ちました。寡頭政治によってバスク人、スペイン人、カタルーニャ人、ガリシア人が抑圧されている現体制の化けの皮がはがれ、この体制を強いられた日から一瞬たりともそうでなかったときはなかった本当の姿が、ありのままに、あらためてあきらかになったからです。つまり、現体制は、中身も行ないもすべて、完全なファシズム政権なのです。

この数年間、現体制はよりリベラルな姿を世界に対して示し、その結果、慢性的な危機から脱するための新しい経済関係を確立することができた事実を考えれば、これは非常に重要なことにも思われます。この目的のなかで、現体制は「開かれている」ことをアピールするためにさまざまな方法をとりましたが、十分に証明されたように、それは見かけだけで、骨の髄までファシズムであるという、奥にある変わらない部分を隠すための煙幕にすぎなかったのです。

## ■アイルランド共和軍（IRA）：和平を結び、武器を置く

2005年に和平を結び、武器を置いたとき、IRAは軍事表明の形で、自分たちはアイルランド国民を代表する存在で、自分たちの「テロリズム」は、非合法に行なったことはたしかだが、正当な**貧者の戦争**だったと確信していることを主張した。

アイルランド共和軍（IRA）執行部は、武装攻撃を正式に終わらせる。これは、本日午後4時から効力をもつ。IRAの全部隊には、武器を置く命令がくだされる。すべての志願兵は、平和的手段によってもっぱら政治的・民主的な過程の進展に貢献するための教育を受ける。

志願兵は、これ以外のどのような活動も行なってはならない。IRA司令部も、独立国際武装解除委員会（IICD）との交渉を代表者に許可した。これは、武装解除の

過程を確認し，一般の信頼を高め，できるだけ早く武装解除を終了させるためである。

　われわれは，プロテスタント教会から独立派のふたりの証人を招き，それを証明するためにカトリック教会からも証人を招いた。評議会は，内部での議論と，志願兵とのきわめて異例な協議を重ねたあと，これらの決定をくだした。(略)

　各志願兵は，われわれがくだした決定の重要性を理解している。全志願兵は，無条件のこの命令に従うことを約束した。われわれは，大きなエネルギーと熱意をもって平和への道のりを歩むという，前代未聞の幸運を前にしている。前例のないこの率先した行動はすべて，この変化とアイルランド人の独立と統一という変わらない目的のためにできる，われわれの貢献なのである。

アイルランド共和軍
停戦宣言書
2005年7月28日

# 4 反乱と対テロリズム

テロリズムでも都市ゲリラや農村ゲリラでも，住民たちを説得してその土地に住みながら武装蜂起を行なう方法を探る戦略家たちがいる。

## 都市ゲリラ

1911年に生まれ，1969年に警察に殺害されたブラジル人の共産主義者カルロス・マリゲーラは，現在では古典的な作品となった1968年の著作で都市ゲリラを理論化したことで知られ，極左から称賛されている。

都市ゲリラは，軍事独裁政権，あるいは約束事に従わない手段を用いるあらゆる形の圧政と戦う，武装した人間のことである。政治的な革命家で勇敢な愛国者である都市ゲリラは，国を解放するために戦う民衆の仲間で，自由を愛している。都市ゲリラの戦場は，この国の大都市である。都市ゲリラは政治的な目的で戦い，政府と大資本家と帝国主義の手先たち，とくに北アメリカの帝国主義者だけを攻撃する。都市ゲリラは，現在の経済制度，政治制度，社会制度を破壊することを恐れない。なぜなら，都市ゲリラの目的は，農村ゲリラを助け，武装した民衆が権力を握るという，まったく新しい革命的な社会構造や政治構造をつくるために貢献することだからである。（略）必然的に激しくなっていく階級闘争において，都市ゲリラの武装闘争は，ふたつのことを目指している。
——軍隊と警察のトップと部下たちの肉体的抹殺。
——政府，大資本家，大土地所有者，帝国主義者たちの武器や財産の強奪。

カルロス・マリゲーラ
『都市ゲリラ教程』(2009年)

## ツパマロス：避けなければならないまちがい

　同じく都市ゲリラの理論家アブラハム・ギリェンは、1960〜70年代に過激な活動を行なったウルグアイの極左武装組織ツパマロス（現在は合法化されている）の戦術を、次のように分析している。

　革命戦争において、国民に説明をしなければならないゲリラ活動など、政治的に無益である。ゲリラ活動は、活動自体がその意味を物語り、説得力をもつ必要がある。ゲリラを殺害された報復措置として一介の兵士を殺害することは、反動的な軍隊と同じ政治的レベルに身を落とすことになる。それよりも、殺害されたゲリラを殉教者に仕立てあげ、人びとの同情を買うほうが、政治的に明確な目的をもたずにばかげた殺戮を行なって、人びとの共感や支持を失うよりもはるかによい。国民のための戦争にするには、人びとの利益、感情、意向に沿った行動をする必要がある。説得力のある政治的意味がないなら、軍事的に勝利しても、なんの役にも立たない。ブルジョアジーが死刑制度を廃止した国では、国民からどれほど嫌悪されている敵であっても、死刑に処すことは危険である。(略)「人民の監獄」を準備し、国民のさまざまな敵を処刑し、秘密の地区や隠れ家にゲリラを住まわせることは、革命軍よりもミニチュア国家を維持するための基盤をつくることになる。国民の支持を得るためには、国民を代表して直接軍隊を使う必要がある。

アブラハム・ギリェン
「ツパマロスの都市ゲリラ」
『都市ゲリラ戦略』
モンテヴィデオ（1971年）

## 対反乱作戦

　アルジェリア戦争時に心理戦局を創設したフランス人のダヴィッド・ガルラ（1891〜1967年）は、死後、アメリカで、ペトレアス将軍の言葉を借りれば「対反乱作戦のクラウゼヴィッツ〔『戦争論』を書いた19世紀プロイセンの将軍〕」として、称賛されるようになった。1963年に書かれた彼の文章を読むと、2001年以降にアメリカがイラクとアフガニスタンで展開している「対テロ戦争」の難しさがわかる。

　普通の戦争における作戦は、敵の領土を征服し、敵の軍隊を打ち破ることを目的としている。しかし厄介なことに、対反乱作戦の場合、敵は自分の領土をもたず、領土を守るために戦っているわけではない。敵の領土はいたるところにあるともいえるし、どこにもないともいえる。十分な

戦力を集めれば、対反乱作戦軍はいわゆる危険地域に踏みこみ、簡単に占領することができる。このやり方は一般的に支持されているが、ゲリラの活動地域を別の場所に移すだけで、問題はなにひとつ解決されないということにもなりかねない。さらには、対反乱作戦軍がひとつの地域に集結するため、別の場所が手をつけられないほどの危険地域になるという、いっそう深刻な事態を招く可能性もある。

　反乱軍を壊滅させるためには、一定の地域に追いこんで、ただちに包囲する必要がある。しかし、反乱軍の規模は非常に小さいため、対反乱作戦軍が直接偵察する方法では位置を割りだすことが難しい。ゲリラに関するおもな情報源は住民だが、自分たちの身が危険にさらされると感じたり、反乱軍を根絶しないかぎり自分たちの安全が守られないと感じれば、住民が情報を漏らすことはない。また、反乱軍は非常に機動力があるため、簡単に包囲して全滅させることは不可能である。(略) 最初は弱い兵力に苦しんだ反乱軍が、戦闘を重ねるうちに少しずつ強くなっていくのが、反乱戦争の特徴といえる。対反乱作戦軍は当然のことながら相当の兵力をもっているため、反乱軍の戦闘方法を採用することは、たとえていえば、巨人が小人の服のなかに入るようなものだろう。反乱軍の戦闘方法以上に、普通の戦闘方法では対処できないのだから、必然的に対反乱作戦計画は、革命戦争の本質や特徴だけでなく、対反乱作戦独自の法則とそこから導きだされる原理を考慮に入れて立てられなければならない、という結論にいたる。

ダヴィッド・ガルラ
『対反乱作戦』
エコノミカ社（2008年）

## 5 「鉛の時代」

1960年代末から1980年代初頭のヨーロッパでは、ウルグアイの極左武装組織ツパマロス、南ベトナム解放民族戦線、アメリカのシンバイオニーズ解放軍（SLA）を手本とした、都市ゲリラを称賛する極左武装組織によるテロ事件が多発した。

### 「赤い旅団」：まもなく武装集団へ

「赤い旅団」の公式表明（以下は1971年9月に出されたもの）でくりかえされたテーマのひとつに、不安になったブルジョアジーが、イタリア共産党と共謀して抑圧を強めているというものがある。

われわれは、CPM〔メトロポリタン政治委員会、「赤い旅団」の前身〕「シニストラ・プロレタリア（プロレタリア左派）」「ヌオヴァ・レジステンツァ（新しい抵抗）」ですでにのべた原則や概念に関する際限のない宣言に、うんざりしている。最新の情報は、なによりもまず、組織的に実行された活動のなかにある。

伝統的なファシズム型の軍隊ではなく、一見民主的に見えるド・ゴール主義的なファシズム型の軍隊を置いたところを見ると、危機に直面したブルジョアジーには解決策がない（ド・ゴールは、第5共和政下のフランスで首相と大統領を務めた、強権的な主導性をもつ人物）。

改良主義〔革命によってではなく、段階を追って社会を改良しようとする思想〕でない左派は、このような武装対決に立ちむかうつもりはない。

したがって、ふたつの可能性がある。
1. 第3インターナショナル〔共産主義政党の国際組織〕という方法をとる。アナーキズムと組合主義が混合したもので、す

でに「政党」はこの方法を選んでいる。
2．あるいは，現代の首都における革命表現に加わる。つまり，「赤い旅団」はこちらで，マルクス・レーニン主義を参照し，首都でのゲリラ運動の試みにならったプロレタリア文化革命である。

　われわれは，無力な大衆運動を従えた勢力ではなく武装政党の組織の最初の合流点であることだけを望んでいるのではなく，むしろ，より高度な統合点であることを望んでいる。

　われわれはヨーロッパ共産党の計画，とくに，政治組織と軍事組織の関係に関する問題についての計画を認めない。

　われわれは，ゲリラを望んでいる！
1．階級闘争についての現在の段階を，どう見ているのか。

　議員外の革命左派は，ブルジョアジーが新しい均衡を求めているいま，それに対して準備ができておらず，手も足も出ない。われわれの政治的試みは，この制約から生まれている。
2．現在の危機の土台にある原因はなにか。

　こんにち，人びとは，社会を安定させるための改良主義を拒み，搾取を終わりにさせることを決めた労働者階級の主導性を前に追いつめられている，ブルジョアジーによる政治の未来の方向転換に直面している。
3．政治状況をどのように変化させるのか。

　ブルジョアジーにとっては，ひとつの可能性しかない。たえずより専制的な権力を確立することによって，状況を回復させるというものである。資本家たちが労働者階級に対して強化していく専制政治，段階を追って進む軍国化と階級闘争の軍事化，戦略として強まっていく抑圧は，免れることができない客観的な結果である。

## 刑務所内で書かれた文章

　ウルリケ・マインホフは刑務所内で，数多くの文章を書いた。とくに1974年には，ドイツ赤軍（RAF）の活動はドイツの労働者階級には不評だが，世界革命に大きく貢献していると説明している。

　首都ゲリラ——ここではRAF，イタリアの「赤い旅団」，アメリカのシンバイオニーズ解放軍（SLA）やそのほかの組織のことをいっているが——が軍事的重要性をもっているのは，第3世界の人びとの解放の戦いの一環におけるその活動目的が方針のひとつであるためと，第3世界の解放運動と連帯した戦いのなかで後方から帝国主義を攻撃できるためである。帝国主義を奉じる国は，第3世界の人びとを抑圧し，彼らから搾取し，解放運動を一掃するため，軍隊，武器，道具，科学技術，通信システム，文化的ファシズムを自国から輸出している。

　プロレタリア国際主義の一環で行なわれる首都ゲリラの戦略的定義は，次のよう

なものである。帝国主義の後背地で、長期間にわたって、ゲリラ、武装闘争、人民戦争を行なうこと。なぜなら、世界革命は絶対に、数日、数週間、数ヵ月でなしとげられるものではないからである。それはまちがいなく、何度も民衆が反乱を起こしたあとになしとげられる。決して、短い期間ではなしとげられない。そして、修正主義（改良主義）政党や修正主義政党をつくろうとしている団体が考えているように、国家の機関が権力を奪取することでもない。もっとも、実際には、彼らはなにも考えていないので、そう考えていると主張しているだけだが。

首都では、国民国家という概念は虚構と化した。それは、なににも守られていない。支配階級という現実にも、政治にも、権力構造にも守られていない。

西ヨーロッパの豊かな国々に何百万人もの移民労働者が存在するようになってから、国民国家は言語的な国境をよりどころとすることさえできなくなっている。

むしろわれわれはヨーロッパで、資本家の国際主義を通して、新しいマスメディアを通して、経済発展の相互依存を通して、ヨーロッパ共同体の拡大を通して、形成されつつあるプロレタリア国際主義を目撃している。そして、労働組合の執行部はすでに何年も前から、プロレタリア国際主義を支配下に置き、管理し、制度化し、抑圧することに努めている。

修正主義団体がその組織の形と共にしがみついている国民国家の虚構は、法律の盲目的崇拝、平和主義、小市民的な限界、論理的思考の欠如と一致する。

小市民は、つねにプロレタリア国際主義と無縁だった——その階級的位置と生殖に関する知識から、プロレタリア国際主義を異質なものとして排除している——。小市民は、つねに支配階級を補完するものとして、考え、行動し、組織されている。

大衆はまだ十分に進歩していないかもしれないという発想は、隔離された場所、特殊な建物、特別な区画に収監され、刑務所内、あるいは違法な場所で洗脳されているわれわれRAFと革命家たちに、70年代以降のアフリカやアジアの植民地主義の豚たちが、黒人、読み書きのできない人間、奴隷、植民地被支配者、虐待された人びと、抑圧された人びと、飢えた人びと、植民地主義の束縛に苦しむ人びとが、人間として、自分たちの行政、産業、学校、将来を自分の手に握るほどには「まだ十分に進歩していない」と、いったことを思いださせるだけである。

そして、刑務所のなかには、実際にかろうじてひとりの収監者がいるだけで、その収監者は、この豚の一種である国選弁護人を前にして、すぐには納得することができず、この弁護人のなかに、植民地主義の豚、支配階級、いつわりの外観、猿まねをする人間を見いだすことができないでいる。

『ドイツ赤軍の囚人たちの文章と、ウルリ

ケ・マインホフの晩年の手紙』
フランソワ・マスペロ出版
カイエ・リーブル叢書（1977年）

## 別れを告げる

「赤い旅団」の創設者レナト・クルチョの妻で1975年に警察に射殺されたマルゲリータ・カゴールは、両親にあてた手紙のなかで、第2次世界大戦時の抵抗運動を引きあいに出して、自分の行為を弁明している。

　お父さん、お母さん。私のことをあまり心配なさらないようにと申しあげたくて、この手紙を書いています。いま、私と仲間たちは、ブルジョアジーの権力と戦うために行動しています。私は戦いつづけます。私が軽率だと思わないでください。お父さんとお母さんのおかげで、私は教養、知性、そしてとくに強さを身につけることができました。この強さを、いま私はとても感じています。
　私たちがやっていることは、正義にかなっていて、神聖なものです。1945年の抵抗運動と同じく、私が正しいことは歴史が認めています。でも、それは正しい手段なのか、とおっしゃるでしょうね。ほかの手段はないんです。この警察国家は、軍隊の力で動いています。だから、それと戦うためには、同じ場所に身を置かなければならないのです。最近、彼らはそしらぬ顔で少年を銃殺しました。その子の唯一のまちがいは、家族と一緒に住んでいる家を探そうとしていたことです。それは、ローマで起きました。豪華な邸宅があるエウル地区とは対照的な、厚紙でつくられた傾きそうな小屋が建ちならぶ地区でのことです。(略)このような危機的状況にある現在、いままでにないほど抵抗し、新しい「民主主義の」形をしたファシズムが追い風に乗らないようにする必要があります。レナトは逮捕されましたが、私が革命を選ぶ気持ちは変わりません。どんな状況でも、切りぬけていきます。どんなことがあっても、驚いたり、不安になることはないでしょう。

マルゲリータ・カゴール
『計画の記憶、見いだされたもの』
センシビリ・アレ・フォリエ社（1995年）

## テロリストの倦怠

「鉛の時代」に、ジョルジョという名前のこの人物のように、数百人の活動家が潜伏生活を送っていたが、その生活は決まりきった日常と倦怠をともなうものだった。

　敵の重要性が失われたり、敵の力の面影がなくなったりすることがたびたびあるのと同じく、われわれの活動は少しも華々しくもなければ、奇想天外でもない。現在イタリアで武装闘争を行なっているわれわれの攻撃準備は、ゲリラのやり方というよ

り，几帳面な公認会計士のやり方というほうがふさわしい。それは，大胆さよりも正確さ，勇気よりも計算によって行なわれる。現在，私はあきらかにたくさんの本を読んでいる。私の活動に近い存在なのは，ジェームズ・ボンド〔イギリスの作家イアン・フレミングのスパイ小説の主人公〕ではなく，むしろ〔イギリスの推理小説家〕ル・カレの小説に出てくる秘密情報部長ジョージ・スマイリーだと思う。なぜそうなのかというと，スマイリーは個性がなく，感情を隠す才能をもち，記憶力にすぐれ，情報，とくにこまかい情報を集めて記録することに長けているからである。そういうわけで，われわれの準備計画には，装甲車で突撃したり，秘密の隠れ家や軍全体を襲撃するような果敢なものはひとつもない。テロ攻撃の準備は，丈夫で質の良い靴と上質のコートを身につけて行なわれる。それ以外に必要なものは，一連の長い型どおりの計画だけである。ロッシ通り，ポンタッチョ通りの角，次にヴィットーリオ・エマヌエーレ通り，81番地，83番地，85番地の2にあるバール・デル・ポルティコ，12番扉，1時45分，1月17日。しがない従業員であるわれわれの資質を必要とする戦い，ゲリラ，武勲――どのようによんでもかまわない――は，ほとんど存在しないように思われる。

　　　　ジョルジョ『テロリストという職業』
　　　　　　　　　マザリーヌ社（1982年）

## ■ワルサー P38 の孤独

　1977年の暴動時に，警察を銃撃すると同時に，世論を驚かせる映像を残そうとした孤独な人間が姿をあらわした。

　無数にあった写真のなかで，「コリエーレ・ディンフォルマツィオーネ」紙に掲載されたあと，あらゆる新聞の第一面を飾った1枚の写真がある。それは，覆面をつけた横顔のひとりの人間の写真で，道路の真ん中で両脚を開き，ピストルをもった両手を水平に伸ばしている。背景にはいくつかの人影が見えるが，写真の構図はありきたりの単純なものである。中央にぽつんといる人物が，全体を支配している。このような場合に美学的な考察をすることが許されるなら（もっとも，それを余儀なくされるのだが），この写真は歴史に残り，多くの本に掲載されるだろう。（略）ピストルを構えるこのミラノの人間の写真は，なにを「物語って」いるのか。この写真は，さまざまな文章のなかで言及されてきたが，言葉ではうまく説明できなかったものを，わき道にそれることなく，一挙にあきらかにしたと私は思う。この写真は，少なくともこの4世代にわたる革命理念の象徴を示したどのような写真とも似ていない。ここには集団の要素がなく，衝撃的なほど個性的な英雄の姿がある。この個性的な英雄は，犠牲者の役割やいけにえの子羊を

5 「鉛の時代」

演じる孤独な人間をたえず表現してきた革命的な図像、たとえば瀕死の義勇兵や殺害されたチェ・ゲバラの図像とは異なる。反対に、この個性的な英雄は、アメリカの刑事映画に登場する恐ろしく孤独なヒーロー（マグナムをもった〔映画『ダーティハリー』シリーズの主人公〕キャラハン刑事）、あるいは、インディアンのいた時代にあこがれる世代にしか好まれない西部劇に登場する孤独なガンマンのようである。

ウンベルト・エーコ
『偽りの戦争』
グラセ社（1985年）

⇧**警察官にピストルを向けるアウトノミア運動のデモ参加者（ミラノ　1977年）**

## 6 聖戦(ジハード)

聖戦は義務であり，侵略されたりおびやかされているイスラム教の聖地を回復しなければならない。神学的な伝統と政治的な将来の目標が結びついたこの考えは，アルカーイダの支配がおよぶ地域でいまなお根強く残っている。

## 聖戦(ジハード)の義務

パレスティナ人の神学者アブドゥッラー・アッザーム（1941〜89年）は，アフガニスタンのソ連軍を相手に戦うイスラム戦士たちに大きな影響をもっていたことから，「ジハードのイマーム（聖戦の指導者）」と呼ばれていた。

## 「聖戦(ジハード)の義務」とは何か

注釈者，ハディース〔預言者ムハンマドの言行録〕の専門家，法学者，原理主義者〔世俗法ではなく宗教にもとづくイスラム法によって統治される国家を目指す人びと〕たちは，イスラム教徒の土地や，かつてイスラム教徒のものだった土地に敵が侵入してきたとき，その地域の住民は敵と戦わなければならない点で合意している。そうしない場合，できない場合，足が悪い場合，その義務は近親者，さらにはその遠縁という具合に，その地域に属する人間全体におよぶ。誰も，この決まりに違反することはできない。これは，祈りや断食を免れることができないのと同じである。息子が父親の許しを得ず，債務者が債権者の許しを得ず，女性が夫の許しを得ず，奴隷が主人の許しを得ずに従軍できるのと同じである。この個人的義務は，その地域が異教徒のけがれから浄化されるまでつづく（女性が従軍するためには，男性の親族が同行しなければならない，と定めら

れている)。

　私は(自分が読んだ範囲では)、これとは逆のことをいっている判例,注釈,ハディースの記された書物を見つけることができなかった。昔の敬虔な人びともみな、それは集団の義務ではなく、親の許しを得る必要もないといっている。イスラム教徒の土地(あるいはかつてそうだった土地)が異教徒たちの手のなかにあるうちは罪が消えず,彼らと戦うものだけが罪を許されるのである。

ジル・ケペル編
『文書で見るアルカーイダ』からの引用
PUF (2008年)

## われわれは犠牲者である

　1998年にビン・ラーディンが出した「ユダヤ・十字軍に対する聖戦のための国際イスラム戦線宣言」は,アルカーイダと名づけられることになる組織の創設計画を表明したものである。

　こんにち,3つの真実に異議をとなえることができる人は誰もいない。その証拠は枚挙にいとまがなく,正義にかなった人間は,それらの証拠に同意している。それらを理解することができるよう,以下に引用する。

1. 7年以上前から,アメリカはイスラム教徒のもっとも神聖な領土(アラビア半島)を占領し,その土地の資源を略奪し,支配者たちに命令し,住民を侮辱し,近隣の住民をおびやかし,近隣のイスラム教徒と戦うために軍事基地で尖鋭部隊を養成してきた。以前この占領に抗議した人間がおり,いまやアラビア半島の全住民がこの人物のことを知っている。それ以後,アメリカはアラビア半島からイラクを侵略しつづけているが,アラビア半島のすべての政府は,このような目的のために領土を使われることを拒否しているにもかかわらず,そのように強制されているのである。

2. ユダヤ＝十字軍同盟を理由にイラク国民は途方もない破壊の被害を受け,100万人近い多数の犠牲者が出たにもかかわらず,アメリカ人はこれらの恐るべき虐殺をさらにくりかえそうとしてきた。激しい戦争のあとの通商禁止,分裂,破壊だけでは満足していないかのように,彼らはまた,この国民に残されているものを全滅させるために,そして近隣のイスラム教徒を侮辱するためにやってきた。

3. アメリカ人の戦争目的が宗教と経済にあるため,彼らはユダヤ人の小さな国家を助け,エルサレムを占領し,さらにはいうまでもなくイスラム教徒を殺害している。この地域でもっとも強大なアラブ国家であるイラクを破壊しようという熱意が,なによりもそのことを証明している。イラク,サウジアラビア,エジプト,スーダンといった,この地域のすべての国家をアメリカ人が打倒しようとしているのは,これらを張子の国家にして,分裂・弱体化させ,イス

ラエルの存続をたしかなものにすると同時に、アラビア半島の不公平きわまる占領を十字軍に継続させたいからである。

これらすべての出来事と犯罪は、〔イスラム教の〕神とその預言者に対するアメリカ人のあからさまな宣戦布告である。何世紀にもわたるイスラム教の歴史のなかで、あらゆる流派のウラマー（知識人）が、聖戦は個人的義務という点に同意している（このあと、ウラマーの言葉の引用がつづく）

したがって、神の命令どおり、われわれはすべてのイスラム教徒に、以下の判断をくだす。

民間人か軍人かを問わず、アメリカ人とその同盟者を殺すことは、すべてのイスラム教徒に課せられた義務である。イスラム教徒は自分がいるすべての国で、〔サウジアラビアの〕メッカの大モスクと同じくアル＝アクサー・モスク〔エルサレムにあるイスラム教の聖地〕が敵の支配から解放されるまで、両手を麻痺させ、腕を折り、ひとりのイスラム教徒もおどすことができない状態で、アメリカ軍がイスラム教徒のすべての領土から出ていくまで、その義務をはたすことができる。それは、次のような神の命令（神よ、たたえられよ）に従うことである。「多神教徒たちと徹底的に戦え、彼らがおまえたちと戦うように。そして、神は神を恐れるものたちと共にいることを知れ」「反乱がなくなるまで、神の信仰が回復されるまで、彼らと戦え」

同書

# 勝つために死ぬ

1980年から2003年に起きた235件の自爆テロ事件について研究したアメリカ人のロバート・ペイプは、それらが**自爆テロリストの異常な心理状態よりも戦略的理論にかなったものだという結論を出している。**

自爆テロの戦略的理論は、政治的強制を目標としている。自爆テロ攻撃の大半は、熱狂的な個人によって単独で行なわれることも、偶然行なわれることもない。むしろ、特別な政治目的のある組織化された集団による、もっと広範な作戦の要素として、連続して行なわれる。さらに、テロ組織の大半のおもな目的は、きわめて具体的である。自爆テロ作戦は、なによりもまず民族主義的なもので、宗教的なものではなく、イスラム過激主義を理由とするものはさらに少ない。過去20年間に自爆テロをくわだてた組織のおもな目的は、彼らが自分たちの祖国とみなしている場所に軍隊を駐留させている外国政府に、その軍隊を撤退させるように強制することだった。（略）アルカーイダでさえ、この図式にあてはまる。（略）アルカーイダの自爆テロ作戦を、宗教だけに結びつけることは正確とはいえない。アルカーイダの標的と、どのような点で自爆テロ作戦がアルカーイダの目標を実現させるために役立つかをビン・ラーディンが説明した戦略的理論は、この組

織のおもな目的が，アラビア半島と，ほかのイスラム地域における占領を終わらせることにあると示唆している。アルカーイダが敵に対していだいている憎悪の源は，敵自身ではなく，敵の行為なのである。

ロバート・ペイプ
『勝つための死　自爆テロの戦略的理論』，ランダムハウス社（2005年）

## 領土を守る

1998年にアルカーイダと合併したエジプト・イスラム・ジハード団の指導者だったアイマン・アル＝ザワーヒリーは，アルカーイダの主要な理論家となり，2011年にビン・ラーディンの跡をついだ。

神はわれわれに同盟を結ぶことを禁じただけでなく，生来の異教徒，背教者，偽善者たちに対する聖戦を行なうよう命じた。
A．異教徒に対する聖戦と，異教徒がイスラム教徒の土地を占領したときの聖戦の義務的性質。
〔中世のイスラム法学者〕イブン・タイミーヤ（彼の魂が神と共にありますように！）はいった。「敵がイスラム教徒の領土に侵入したら，次から次へと絶対にそれを追いはらわなければならない。なぜなら，イスラム教徒の土地はひとつの国のようなものだからである。父親や債権者の許しを得ることなく，集結しなければならない。そのように，アフマドの文章でもはっきり記されている」。さらに彼は，こういっている。「防衛のための戦いは，名誉と宗教を攻撃するものに対する防衛のもっとも激しい形なので，すべての法学者の意見によれば，それは義務である。信仰に従えば，宗教と生命を破壊するこの侵略者を撃退する以上に必要なことはなにもない。条件による規制はないが，機会はかぎられている。このことは，ウラマーたちや指導者たちやほかの人びとによって定められている。しかし，攻撃してくる異教徒の敵を撃退することと，相手の国で敵と戦うことは，区別する必要がある」（略）

そういうわけで，イスラム教徒の国を征服した異教徒たちに対する聖戦に関するウラマーたちの同意についての理を説いた，イスラム教のシャイフ（知識人）イブン・タイミーヤ（彼の魂が神と共にありますように！）の毅然とした力強いこの言葉を，よく考えなければならない。そして，信仰に従えば，異教徒たちを撃退する以上に必要なことはなにもない，という彼の主張と，ウラマーたち（彼らの魂が神と共にありますように！）がこの点で非難されたことを，よく考えなければならない。それから，これらの言葉と，侵略者である異教徒たちがわれわれの土地を安全に征服できるよう，そして自分たちが簡単に，平穏に，何事もなく目的を達成できるよう，聖戦を行なうイスラム教徒たちをなんとかして思い

とどまらせようとしている，権力側のウラマーや権力に屈服した説教師たちの言葉をくらべてみなさい。

B．イスラム教徒の土地を統治している背教者に対する聖戦。

こんにちの個人的な聖戦のもっとも重要な形のひとつが，神が啓示した法律を嘲弄し，ユダヤ人やキリスト教徒と同盟を結んでいる，統治者である背教者に対する聖戦である。それは，すべてのウラマー（彼らの魂が神と共にありますように！）が同意している命令で，その証拠は枚挙にいとまがない。（略）

C．偽善者に対する聖戦。

神（たたえられよ！）は預言者（神が彼に祈りと救いをおあたえになりますように！）に，偽善者に対して，手ひどく，激しく聖戦を行なうよう命じた。それは見せしめとなり，罰をあたえることになる。

異教徒たちと同盟を結んだものたちの，容認できない弁解。

神（たたえられよ！）は，異教徒たちに忠誠を誓い，失敗，盛衰，歴史を恐れて彼らを支持した偽善者たちの弁解を認めなかった。なぜなら，異教徒たちがイスラム教徒の優位に立つことがあるので，偽善者たちは異教徒たちの支持を得ようとする可能性があるからである。しかし，神（たたえられよ！）はいった。「ああ，信じるものたちよ！　ユダヤ人とキリスト教とは，友人になってはならない。彼らはたがいに友人だからだ。彼らと友人になるものは，彼らの仲間なのだ」

ジル・ケペル編『文書で見る
アルカーイダ』からの引用
PUF（2008年）

## 「アラブの春」を支持していたビン・ラーディン

死後に放送されたメッセージのなかで，ビン・ラーディンは，2011年初頭に西ヨーロッパびいきの専制君主たちを打倒したアラブ革命に賛同している。

時期が遅れればこの機会を失ったかもしれず，的確な時期より早ければ犠牲者の数が増えたかもしれない。（略）私は，変化の風はアッラーの許しを得て，イスラム世界全体に吹くことになると思う。これは，ウンマ（イスラム共同体）とともに立ちあがり，指導者たち，人間の法律，欧米の支配による明確な隷属状態から解放される，数少ない大きな歴史的機会である。なにをためらっているのか。大きな幸運があたえられているのだから，みずからを救い，子どもたちを救いなさい。ウンマが何十年も前から待っていたこの機会を無駄にすることは，大きな罪で，途方もない無知である。だから，この有利な立場を利用し，偶像を破壊し，正義と親交を確立しなさい。すべての国の自由な革命家たち，率先して行動し，交渉を警戒するように。なぜなら，誠実な人間とうそをつく人間の中間というものは存在しないからだ。

フランソワ＝ベルナール・ユイグ訳

## 武器をとる

1978年にアダム・パールマンとして生まれたアメリカ人で、1995年にイスラム教に改宗したアダム・ガダーンは、欧米諸国で教育を受けたあと聖戦に加わった典型的な「素人の」ジハード主義者である。

欧米諸国にいるイスラム教徒たちは、シオニスト〔パレスティナにユダヤ人国家を建設しようとするシオニズム運動を行なうユダヤ人〕や〔キリスト教の〕十字軍参加者を相手に聖戦を行なうにあたって、重要、あるいは決定的な役割をはたし、自分たちの宗教、聖地、財産を守るために戦っているイスラム教徒の敵に大きな損害をあたえるために、申し分のない場所にいることを思いださなければならない。これはすばらしい機会、天の恵みである。

たとえば、アメリカを例にとろう。アメリカでは、本当にいたるところで武器をいくらでも手に入れることができる。地域の集会所で開かれる武器市に行けば、書類を確認されることもなく、おそらく身分証明書の提示も求められずに、全自動で発射できる拳銃を購入できる。さあ、なにをぐずぐずしているのか。これらの犯罪者たち（ここでビデオ画面に、エクソン、メリルリンチ、バンク・オブ・アメリカのロゴが出る）を攻撃するのは、考えているほど難しくない。クリスマスのミサで女性がローマ教皇に飛びかかって転倒させたり、イタリアのベルルスコーニ首相が街頭演説中にものを投げられて顔面を負傷したりしたことを、見ているはずである。だから、あとはこの計画をアッラー（神）にゆだね、適した場所、時間、方法を選んでもらえばよい。逮捕されても、それはアッラーの意志で、この世の終わりではなく、残りの人生を刑務所内で過ごすことを必ずしも意味しているわけではない。（略）捕まったイスラム戦士の多くが、家族のもとに戻ったり、ふたたび戦地へ行き、敵と戦っている。（略）ここ数年、自由をとりもどすことなど夢にも思わなかった大勢のイスラム戦士が釈放されたのを、私は目にしている。

## アラブ革命と聖戦(ジハード)

アメリカ人の多くが、アラブ革命とその民主的な価値によってアルカーイダが力を失うと考えていたとき、「フォーリン・アフェアーズ」誌の論説記者ダニエル・バイマンは、アメリカのマスメディアの楽観的な見方に疑問を呈し、イデオロギー的な攻勢をかけるべきだと主張した。

オバマ政権は、アルカーイダがアラブ世界で自由に活動することを妨げると同時に、アルカーイダの言い分が通用しなく

なっていることをうまく利用しなければならない。アメリカの影響力を行使して、アルカーイダが民主主義と対立していたことを強調し、改革は平和的な変化によって生じるという確かな理念を証明する必要がある。このメッセージは、テレビやラジオによってだけでなく、映画が若い世代の心をとらえていることから考えて、とくにインターネットによって広めることが重要だと思われる。(略)

おそらくアルカーイダは、ふたたび環境に適応し、革命に対してジハード主義がどう対処するかについての理路整然としたメッセージを出すだろう。(略)

もちろん、アルカーイダはふたつの場合を想定しているだろう。独裁体制が市民を攻撃しようとしたとき、アメリカが介入しなければ、アメリカは専制君主の共犯者だと非難するはずだ。アメリカが介入すれば、国民の反米感情を利用して、アメリカの介入を中東征服大計画の一段階のように思わせるだろう。(略)

さしあたり、アラブ革命がアメリカの対テロリズム作戦に有利だと思われるいくつかの根拠がある。しかし、短期的にはアルカーイダが自由に活動する危険性も考えられるため、アメリカと同盟国は、これまでのメッセージを検討しなおし、アルカーイダの指導部に対する圧力を維持し、内戦を利用しようとするアルカーイダの計画を妨害し、中東諸国との協調体制を刷新して、アルカーイダがこの変化の時期から長期的な利益を得ることのないようにしなければならない。

「革命後のテロリズム、世俗的な暴動はいかにしてジハード主義者たちを助けた(あるいは傷つけた)か」
「フォーリン・アフェアーズ」誌
(2011年5〜6月号)

## ■ビン・ラーディンなき聖戦(ジハード)

ビン・ラーディンの死から数日後、ニューヨーク市の対テロリズム責任者リチャード・ファルケンラスも、自信過剰な雰囲気をいさめている。彼は、ビン・ラーディンの死後も、生存中と同じくらいの危険が存在するといっている。

ビン・ラーディンの死後、イスラム過激派のテロリズムの危険性が弱まることが期待できる理由は、ひとつもない。ずっと以前から、イスラム過激派のテロリズムは戦術面で、1990年にビン・ラーディンが創設したアルカーイダの世界的なテロ計画から直接の統制を受けていなかった。たしかにイスラム過激派のテロリズムは、1998年のケニアとタンザニアのアメリカ大使館爆破、2000年のアメリカ海軍の駆逐艦「コール」襲撃、そしてもちろん2001年9月11日のアメリカ同時多発テロ事件というように、アルカーイダのテロ攻撃の計画や指揮にかかわった。しかし2001年末に、アフガニスタンの後方基地を攻撃し、パキス

タンへ逃亡したあと、ビン・ラーディンが生きのびるためには外部との接触を最小限にしなければならないことがあきらかになった。2005年7月のロンドン地下鉄で起きたテロ事件、2006年にロンドンからアメリカへ向かう飛行機で起きたテロ事件など、2001年9月11日以降の作戦は複数の司令部で計画・実行されたが、どの指揮系統もすぐに途絶えた。ビン・ラーディン自身は、カセットテープに録音された声だけが流れたり、鮮明でないビデオ映像で時々姿を見せるだけになった。

このような制約があったにもかかわらず、彼は危険な存在で、何十件もの小規模なテロ事件に影響をあたえた——死後も彼は、同じような役割をはたしつづけるだろう。アルカーイダは地方分散化し、結束の固いテロ組織の形をとらずに世界中に広まるようになった。(略)

同時に、ビン・ラーディンがいなくなったことで、アメリカによる世界的規模の対テロリズム作戦は複雑になる可能性がある。政治において重要なのは、国内と国外における認識の違いを考慮に入れることである。ところが、有効な対テロリズム計画を構成する多くの要素——特殊部隊の募集、攻撃する側にも命の危険が同じだけあるにもかかわらずその危険を回避しなければならないこと、容疑者の逮捕と尋問、ときには容疑者の死、など——は、不快なものだったり、政治上も法律上も危険を冒すものだったり、不評だったりする。(略)

ビン・ラーディンの死は、国家の枠を超えた脅威に対抗するために複数の国家がかつてないほど協力体制をとった黄金時代の終焉を意味することになるかもしれない。(略)

なによりもまず、ビン・ラーディンの死は象徴の死で、それぞれの共同体によって意味も異なる。ビン・ラーディンがパキスタンの隠れ家で生きのびていたことは、世界中で聖戦を行なっていた志願兵たちを鼓舞しただけでなく、外部からの破壊的な攻撃から本国を完全に守るという目的をもったアメリカの安全保障戦略を、一時的に単純化していたのである。

「ビン・ラーディンは、御しやすい人物だったか」
「フォーリン・アフェアーズ」誌
(2011年5月5日)

# テロリズムに関連する簡易年表 (本書の記載をもとに作成)

| 年 | おもな出来事 |
|---|---|
| 1878 | ヴェーラ・ザスーリチが、サンクトペテルブルク警視庁長官を狙撃する。 |
| 1881 | 皇帝アレクサンドル2世が、ナロードニキ（人民主義者）に暗殺される。 |
| 1892 | ラヴァショルによる最初の爆破事件。連続テロ事件のはじまり。 |
| 1893~94 | 極悪法の制定。 |
| 1912 | 「ボノー団」の最期。 |
| 1914 | サラエヴォ事件によって第1次世界大戦がはじまる。 |
| 1919 | アイルランド共和軍（IRA）の創設。 |
| 1928 | ムスリム同胞団の創設。 |
| 1932 | ポール・ドゥメール大統領が、アナーキストに暗殺される。 |
| 1934 | ユーゴスラヴィア王アレクサンダル1世の暗殺。 |
| 1946 | エルサレムのキング・ダビデ・ホテルが爆破される。 |
| 1947 | ベルナドッテ伯が、イスラエル解放戦士団（レヒ）に暗殺される。 |
| 1954 | アルジェリア民族解放戦線（FLN）によるテロの開始。秘密軍事組織（OAS）が誕生し、1962年まで存続する。 |
| 1959 | バスク祖国と自由（ETA）の創設。 |
| 1967 | パレスティナ解放人民戦線（PFLP）の創設。 |
| 1968 | パレスティナ解放人民戦線（PFLP）が、エル・アル航空機をハイジャックする。 |
| 1969 | イタリアのフォンターナ広場爆破事件。 |
| 1970 | 「赤い旅団」による最初のテロ事件。 |
| 1971 | ドイツ赤軍（RAF）のテロによって、最初の死者が出る。 |
| 1972 | ロッド空港（イスラエル）テロ事件。 |
| 1973 | スペインのカレロ・ブランコ首相暗殺事件。 |
| 1974 | 「赤い旅団」がソッシ判事を誘拐する。ドイツ赤軍（RAF）の囚人たちが、ハンガー・ストライキをする。 |
| 1975 | カルロスが石油輸出国機構（OPEC）の大臣たちを人質にとる。 |
| 1977 | イタリアで暴動が起きる。マルティン・シュライヤーが誘拐され、西ドイツでドイツ赤軍（RAF）のメンバーたちが死亡する。 |
| 1978 | アルド・モーロが、「赤い旅団」に殺害される。 |
| 1980 | イタリアのボローニャとパリのコペルニック通りでテロ事件。 |
| 1981 | サダト大統領の暗殺。 |
| 1982 | ベイルートで、フランス軍とアメリカ軍に対するテロ事件。 |
| 1983 | パリで、トルコ航空のカウンターがアルメニア解放秘密軍（ASALA）に爆破される。 |
| 1984 | インディラ・ガンディーの暗殺。フランスの「直接行動」とベルギーの「戦闘的 |

| | |
|---|---|
| | 共産主義者細胞」による爆弾テロ事件が多発する。 |
| 1985 | エア・インディアのボーイング747型機が爆発する（死者329人） |
| 1986 | アメリカ軍兵士が集まるドイツのディスコでテロ事件。 |
| 1987 | レンヌ通りのテロ事件。死者7人。マドリード（バスク祖国と自由(ETA)による，死者21人）とカラチ（死者72人）で自動車爆弾事件。 |
| 1988 | ロッカビー（スコットランド）上空で，カダフィ大佐の命令によると思われる，パンアメリカン航空機の爆破事件。アルカーイダの創設。 |
| 1989 | ニジェール上空で，UTA航空のDC-10型機が爆発（死者170人） |
| 1991 | インドでラジーヴ・ガンディーが，パリでイランのシャプール・バクチアル元首相が暗殺される。 |
| 1992 | センデロ・ルミノソの指導者アビマエル・グスマンの逮捕。 |
| 1993 | ワールド・トレード・センターで，トラック爆弾事件 |
| 1994 | ブエノスアイレスのユダヤ人施設テロ事件(死者85人)。アルジェ発パリ行エールフランス航空のエアバス機がハイジャックされる。カルロス逮捕。 |
| 1995 | 東京の地下鉄でオウム真理教によるテロ事件。オクラホマシティ爆破事件。フランスで武装イスラム集団（GIA）によるテロ事件と，RER B線のサン＝ミシェル駅でのテロ事件（死者8人） |
| 1996 | スリランカでタミル・イーラム解放のトラ(LTTE)によるテロ事件(死者90人) |
| 1997 | イスラム過激派がルクソールで観光客を襲撃する。 |
| 1998 | ケニアとタンザニアのアメリカ大使館でテロ事件（200人以上が死亡） |
| 2000 | イエメンでアメリカ海軍の駆逐艦「コール」の襲撃事件。 |
| 2001 | 9月11日のアメリカ同時多発テロ事件（約3000人が死亡） |
| 2003 | カサブランカの観光地で連続テロ事件。 |
| 2004 | マドリードの交通機関で連続テロ事件。死者191人。 |
| 2005 | ロンドンとエジプトのシャルム・エル・シェイクで，イスラム過激派による自爆テロ事件。 |
| 2006 | ムンバイの交通機関で連続爆破事件。 |
| 2007 | イラクのカフタニヤで連続自爆テロ事件(死者796人)。9月11日のテロ事件以降で，犠牲者の数がもっとも多かった。インドのナムジハアータ急行列車で爆破事件。 |
| 2008 | 武装組織によるムンバイでの連続テロ事件（死者209人） |
| 2009 | パキスタンで複数のテロ事件。100人以上が死亡。 |
| 2010 | モスクワ地下鉄連続テロ事件（死者39人） |
| 2011 | ビン・ラーディン死亡。 |

# INDEX

## A～Z

- ANC→アフリカ民族会議
- AQIM→イスラム・マグレブ諸国のアルカーイダ
- ASALA→アルメニア解放秘密軍
- CARLOS→非武装で社会と戦う反逆者たちの自治調整
- CBRNテロ　53
- DFLP→パレスティナ解放民主戦線
- ETA→バスク祖国と自由
- FARC→コロンビア革命軍
- FLN→アルジェリア民族解放戦線
- FLNC→コルシカ民族解放戦線
- FMLN→ファラブンド・マルティ民族解放戦線
- GIA→武装イスラム集団
- GSPC→説教と戦闘のためのサラフィー主義者集団
- IMRO→内部マケドニア革命組織
- IRA→アイルランド共和軍
- LTTE→タミル・イーラム解放のトラ
- M19（4月19日運動）43・97
- OAS→秘密軍事組織
- OPEC→石油輸出国機構
- PFLP→パレスティナ解放人民戦線
- PKK→クルディスタン労働者党
- PLO→パレスティナ解放機構
- PSR→社会革命党
- RAF→ドイツ赤軍
- RENAMO→モザンビーク民族抵抗運動
- TTP→パキスタン・タリバン運動
- UCK→コソヴォ解放軍

## あ

- アイルランド義勇軍　26
- アイルランド共和軍（IRA）　26・27・56・64・67・92・93・98
- アウトノミア運動　17・57
- 赤い旅団　32・35・49・50・64・69〜71・92
- 麻原彰晃　41
- アス・サハブ　76・77
- アナーキスト（アナーキズム）　17・19〜24・30〜32・41・54・68・70・89・92
- アフガニスタン紛争　95
- アブ・ニダル　92
- アブ・ハムザ、シェイク　81
- アフリカ民族会議（ANC）　29・86・96・97
- アメリカ大使館爆弾テロ事件（ベイルート）　50
- アメリカ同時多発テロ事件　5・40・52・62・63・70・73・76・79・84・91・98・99
- アラファト、ヤセル　87・97
- アラブ革命評議会　92
- アラブ革命旅団　92
- アルカーイダ　39・40・43・51・58・59・62・76・77・83・90・98
- アル＝カッサーム旅団　70
- アル＝ザワーヒリー　39・58・76・77・80・83・98
- アルジェリア戦争　95
- アルジェリア民族解放戦線（FLN）　29・64・71・86・94・95
- アルジャジーラ　76
- アル＝スリ　39
- アルド・モーロ首相殺害事件　32・35・49・69
- アル＝バンナー、ハサン　38
- アルメニア解放秘密軍（ASALA）　87
- アレクサンダル1世暗殺事件　26
- アレクサンドル2世襲撃事件　20
- アンリ、エミール　22
- イスラム過激派　39・44・45・47・50・51・53・57〜59・61・66・67・73・76・77・80・81・85・89・90・98・99
- イスラム救国戦線　39
- イスラム原理主義　33・38・81・95
- イスラム聖戦機構　50・51
- イスラム・マグレブ諸国のアルカーイダ（AQIM）　47・58・59・63
- イラク・イスラム国　95
- イラク戦争　94・95
- インド共産党毛沢東主義派　45
- ヴァイヤン、オーギュスト　22
- ウエイコ事件　40
- ウスタシャ　25・26
- 英愛条約　27
- エジプト・イスラエル平和条約　86
- オウム真理教　41・52・88・89
- 岡本公三　55
- オクラホマシティ・テロ事件　40・41・51・89
- オスロ合意　87・97
- オバマ、バラク　40・85・91・99
- オフィシャルIRA　27

## か

- 下院襲撃事件（フランス）　22・23
- カグール団　89
- 『革命家のカテキズム』　19・55
- 革命税　56・65
- カゼリオ　22
- 神の怒り作戦　31
- 神の抵抗軍　65
- カミュ、アルベール　17・21
- カリャーエフ、イワン　21
- カルロス（イリッチ・ラミレス＝サンチェス）　32・38・47・66・71・92・94
- キプロス解放民族組織　86
- キャンプ・デービッド合意　86
- グラウンド・ゼロ　99
- クルディスタン労働者党（PKK）　90
- 黒い9月　30・31・47・48・93
- クロポトキン　19・21
- ゲバラ、チェ　61・64・90
- コソヴォ解放軍（UCK）　97
- コニー、ジョゼフ　65
- コルシカ民族解放戦線（FLNC）　64・70
- コロンビア革命軍（FARC）　41・48・57・97

## さ

- サイバーテロ　53・54
- ザスーリチ、ヴェーラ　18・19
- サラエヴォ事件　84
- サンクトペテルブルク警視庁長官狙撃事件　13・19
- ジェマー・イスラミア　39
- シオニズム運動　86
- ジハード・ジェーン　59
- ジハード（聖戦）主義　33・38・39・41・44・67・76・80・81
- 自爆テロ（リスト）　29・38・50〜52・58・61・62・66・73・81・86
- 社会革命党（PSR）　21

# INDEX

社会主義革命組織 93
シュテルン・ギャング 90
真のIRA 27
シン・フェイン党 27・96
人民の意志 18・19
人民の監獄 35・48・68
人民の法廷 32・49
『正義の人びと』 17・21
石油輸出国機構（OPEC） 32・38・47
説教と戦闘のためのサラフィー主義者集団（GSPC） 39・58
セルゲイ（ロシア大公） 21
センデロ・ルミノソ 90
戦闘的共産主義者細胞 32

## た

対テロ戦争 40・80・85・94
タミル・イーラム解放のトラ（LTTE） 28・29・46・66・94
タリバン 99
チェルノセムスキー 26
地下鉄サリン事件 41・52・53・89
直接行動 31・32・89
ツバマロス 30・48
ディエトリスモ 37・65
テロリズム 5
ドイツ赤軍（RAF） 31〜33・46・50・55・68・71・73・84
ドゥルークデル、アブデルマレク 58
土地と自由 19
戸平和夫 55

## な

内部マケドニア革命組織（IMRO） 25・26・92

ナクサライト 45
ナセル大統領暗殺未遂事件 39
鉛の時代 30・69・90
ナロードニキ 19・20・45
ニヒリスト（ニヒリズム） 20・92
日本赤軍 46・55
ネオ・ナチズム 57・65・88
ネオ・ファシズム 37
ネチャーエフ 19・55

## は

バーダー、アンドレアス 33
バイオテロ 43・52
ハイジャック 5・30・48〜50・52・73・93
パキスタン・タリバン運動（TTP） 59・98
バクーニン 19・21
バスク祖国と自由（ETA） 15・27・28・51・56・64・65・84
ハマス 56・70・90・97
パレスチナ解放機構（PLO） 54・86・87・92・96・97
パレスチナ解放人民戦線（PFLP） 30・54・55・65・88
パレスチナ解放民主戦線（DFLP） 54
パンアメリカン航空機爆破事件 93
ハンガー・ストライキ 46・67
ヒズボラ 33・47・50・76
非武装で社会と戦う反逆者たちの自治調整（CARLOS） 64
秘密軍事組織（OAS） 29・57・84・89
ビン・ラーディン、ウサーマ 39・47・58・59・61〜63・76・79・83・90・91・98・99

ファタハ 54・87
ファタハ革命評議会 92
ファラブンド・マルティ民族解放戦線（FMLN） 97
フォンターナ広場爆破事件 30・37・65
フク団 94
フセイン、サダム 39・93
武装イスラム集団（GIA） 33・48・49
ブッシュ 79・94・98
プリマ・リネア 57
プレハーノフ、ゲオルギー 18
分離独立派 25・30・41・92
ベギン、メナヘム 86
ベスラン学校人質事件 47
ペレス、シモン 87・97
ポテーレ・オペライオ（労働者の権力） 32
ボノ、ジュール（ボノ団） 24・25
ボリシェヴィキ 18
ボローニャ駅テロ事件 30・37

## ま

マインホフ、ウルリケ 31
マクヴェイ 40
マルクス（主義） 18・19・28・32・64・66・71
マンデラ、ネルソン 96・97
ミュンヘン・オリンピック人質事件 19・21
ムジャヒディン・ハルク 97
ムスリム同胞団 38・39・56
メニゴン、ナタリー 32・89
メンシェヴィキ 18
毛沢東主義組織 48
モザンビーク民族抵抗運動（RENAMO） 97

## や

ヤシン、シェイク・アフマド 90
ユースフ・アッザーム、アブドゥッラー 39
ユダヤ・十字軍に対する聖戦のための国際イスラム戦線→アルカーイダ
ユダヤ民族軍事機構（エツェル） 46・86
ユナボマー（セオドア・カジンスキー） 54
ヨルダン内戦 48

## ら

ラヴァショル（フランソワ・クニグスタン） 22・70・89
ラシュカレトイバ 44
ラビン、イツハク 87・97
ルイヤン、ジャン＝マルク 32・89
ルフトハンザ航空機ハイジャック事件 31
レーニン 18・20・21
レジスタンス 29
労働解放団 18
ロッジP2 37
ロッタ・コンティアヌ（闘争はつづく） 32
ロッド空港テロ事件 55

## わ

ワールド・トレード・センター 5・39・43・52・76

## 出典（図版）

### 【表紙】

表紙●ワールド・トレード・センター・テロ事件 2001年9月11日
背表紙●同上（部分）
裏表紙●赤い旅団から送られてきたアルド・モーロの肖像 イタリアの新聞に掲載されたもの 1978年4月20日

### 【口絵】

5●ワールド・トレード・センター・テロ事件 2001年9月11日
6●「タルサ・ワールド」紙の第1面 2001年9月12日
7●新聞を読むレバノン人たち ベイルート 2001年9月12日
8●「デイリー・メール」紙の第1面 2001年9月12日
9●新聞を読む男性 バンコク 2001年9月12日
10/11●香港の列車の乗客たち 2001年9月12日
12●「デイリー・エクスプレス」紙の第1面 2001年9月12日
13●「デイリー・ニューズ」紙を読む男性 ニューヨーク 2001年9月18日
15●停戦を宣言するバスク祖国と自由（ETA）のメンバーたち ゲルニカ 2010年9月5日

### 【第1章】

16●ピストルの形をつくった手を振りあげるアウトノミア運動のデモ参加者たち ボローニャ 1977年
17●爆弾を置くアナーキスト 「ラシエット・オ・ブール」誌所収のフアン・グリスの挿絵 1909年
18●ヴェーラ・ザスーリチの肖像
19●「人民の意志」のメンバー 1870〜80年
20●アレクサンドル2世襲撃事件 サンクトペテルブルク 1879年
21●イワン・カリャーエフの人体測定カード 1905年
22上●ラヴァショルの肖像
22下●1892年5月1日の「ラ・ディナミト」紙の第1面 ラヴァショル編集の新聞
23●アナーキストによる下院襲撃事件 「ル・プチ・ジュルナル」紙から抜粋した版画 1893年12月23日
24下●「ル・プチ・ジュルナル」紙から抜粋した見出し 1912年4月29日
24/25●ボノー団のメンバー 1912年
26●ユーゴスラヴィア王アレクサンダル1世の暗殺 マルセイユ 1934年10月9日
27●アイルランド共和軍（IRA）のメンバー 1972年
28●バスク祖国と自由（ETA）によるラクンサ村（ナバラ州）のディスコでのテロ事件 2001年
29●タミル・イーラム解放のトラの訓練 タミル・ナードゥ州 1996年
31●ミュンヘン・オリンピック開催中の人質事件でのパレスティナ武装組織のメンバー 1972年
32/33左上●ジャン=マルク・ルイヤンとナタリー・メニゴンの肖像
33右上●アンドレアス・バーダーの肖像
33右下●ドイツ赤軍（RAF）のロゴ
34/35●アルド・モーロの殺害 ローマ 1978年5月
36/37●ボローニャ駅テロ事件 1980年8月2日
38上●ハサン・アル＝バンナーが創設したムスリム同胞団
38/39中●ベネズエラ人テロリスト、イリイッチ・ラミレス＝サンチェス、別名カルロスの身分証明書 1994年
39下●1998年のウサーマ・ビン・ラーディン
40●オクラホマシティ・テロ事件 1995年
41●オウム真理教の教祖、麻原彰晃とその妻

### 【第2章】

42●ワールド・トレード・センター・テロ事件 ニューヨーク 2001年9月11日
43●炭疽菌入りの封筒に注意をうながすアメリカの郵便局の広報 2001年10月13日
44/45●ムンバイの駅でのテロ事件 2008年11月26日
46上●ベスラン学校人質事件 「フランス・ソワール」紙の大見出し 2004年9月4日
46下●ベスラン学校人質事件 2004年9月5日
46/47●モーリタニアでイスラム・マグレブ諸国のアル

## 出典(図版)

カーイダ(AQIM)に誘拐されたスペイン人の人質(ロック・パスキュアル,アルベルト・ビラルタ,アリシア・ガメス) 2010年11月29日

48● ハイジャックされたトルコ航空のDC-9型機 ソフィア 1972年5月13日

48/49● エールフランス航空のエアバス機がハイジャックされたときに突入したフランス国家憲兵隊治安介入部隊(GIGN) 1994年12月26日

50● ベイルートのアメリカ大使館爆弾テロ事件 1983年4月18日

51● マドリードの駅でのテロ事件「エル・パイス」紙の第1面 2004年3月12日

52● 東京の地下鉄サリン事件 1995年3月20日

53下 ● 2009年12月25日に,下着に隠した爆発物を使って飛行機を爆破しようとしたファルーク・アブドゥルムタラブ

53下 ●「ビルト」紙の社内で行なわれた,炭疽菌入りが疑われた手紙の検査 フランクフルト近郊 2001年11月7日

54● パレスティナの解放を目指す武装組織(ファタハ,パレスティナ解放人民戦線(PFLP),パレスティナ解放機構(PLO))のメンバーたち 1968年12月

55● 岡本公三と戸平和夫 ルミエ刑務所でイスラム教に改宗した日本赤軍のメンバー ベイルート近郊 2000年3月2日

56● ガザで式典が行なわれたときの,ハマスの保安部門のメンバーたち 2010年3月1日

57● 野外で訓練するコロンビア革命軍(FARC)の兵士たち コロンビア 2002年3月30日

58● イスラム・マグレブ諸国のアルカーイダ(AQIM)の指導者,アブデルマレク・ドゥルークデル アルジェリアでの訓練時 2008年6月2日

59● 野外で訓練するイスラム・マグレブ諸国のアルカーイダ(AQIM)のメンバーたち マリ 2010年5月11日

【第3章】

60● パレスティナの自爆テロリスト,ムハマッド・ファイサル・シクシク(エイラトでのテロ事件で死亡)の写真を見せるイスラム過激派の戦闘員 2007年1月29日

61● ビン・ラーディンとチェ・ゲバラを賛美する絵が描かれたバスの後部 ラパスのバスターミナル

62/63● パニックに陥ったニューヨーク 2001年9月11日

64下 ● コルシカ民族解放戦線(FLNC)の落書き

64/65● 声明文の冒頭に書かれた赤い旅団のロゴ

65右 ● バスク祖国と自由(ETA)のロゴ アラサウア(スペイン北部)の壁に描かれたもの 2006年3月

66● パレスティナの自爆テロリスト,アンワル・サカル(ベイト・リドのバス停でイスラエル軍の兵士たちを殺した)の家族 ガザ 1995年

67● 1980年代に,刑務所でハンガー・ストライキによって命を落としたアイルランド共和軍(IRA)の戦闘員たちを賛美する壁画 ウエスト・ベルファスト 2000年4月

68● ドイツ赤軍(RAF)の人質ハンス・マルティン・シュライヤーの写真と,テロ組織から「リベラシオン」紙に送られた手紙のコピー 1977年10月8日

69● アルド・モーロ殺害のニュース イタリア 1978年5月9日

70● ハマスの軍事部門,アル=カッサーム旅団のメンバー ガザでの記者会見時 2010年12月25日

71● 裁判時に声明文を読む赤い旅団のメンバー,スザンナ・ロンコーニ 1982年1月11日

72/73● ウーリ・エーデル監督の映画『バーダー・マインホフ 理想の果てに』のスチル写真 2008年

74上 ● カイス・ネシフ主演の映画『パラダイス・ナウ』のスチル写真 2005年

74下 ● ジュリアン・ルクレルク監督の映画『フランス特殊部隊GIGN』のスチル写真 2010年

75● ポール・グリーングラス監督の映画『ユナイテッド93』のポスター 2006年

76● グローバル・イスラミック・メディア・フロントのロゴ

77● アス・サハブによって製作されたプロパガンダ映

139

## 出典(図版)

画のポスター
78上●ビン・ラーディンの肖像がついたオーデコロン ラホール 2004年3月
78下●戦車に乗ってビン・ラーディンを追いかけるジョージ・W・ブッシュを題材とした玩具 ラバト 2006年12月
79●ビン・ラーディンの顔がプリントされたTシャツを着るインドネシア人の若者 ボロブドゥール 2004年
80●アメリカ人の人質ポール・ジョンソンを殺害すると脅迫する、サウジアラビアのアルカーイダのリーダーと思われる人物 2004年6月
81●信者たちをひきいて中央モスクのそばで金曜礼拝を行なうシェイク・アブ・ハムザ ロンドン 2003年1月

### 【第4章】
82●ビン・ラーディンが死亡したときの「タイム」誌の表紙 2011年5月5日
83●アル＝ザワーヒリーの肖像 絵画
84●指名手配中のドイツ赤軍(RAF)のメンバーたち 1984年のポスター
85●グアンタナモ湾収容キャンプ内, キャンプ・エックスレイの収監者たち 2011年1月
86●民衆に語りかける, ユダヤ民族軍事機構(エツェル)の指導者メナヘム・ベギン テル・アヴィヴ 1948年8月11日
87●ビル・クリントンの仲介によって, イスラエルとパレスティナのあいだで合意された協定の調印式での, イツハク・ラビンとヤセル・アラファト 1993年9月13日
88●コペルニック通りのテロ事件に抗議するデモ シャンゼリゼ大通り 1980年10月4日
89●ポション警視によって逮捕された, 直接行動のメンバー, ナタリー・メニゴン 1980年9月13日
90●1ヵ月前に殺害された, 自分たちの精神的指導者シェイク・アフマド・ヤシンの肖像をかかげるハマスの戦闘員たち ガザ地区 2004年4月
91上●「デイリー・メール」紙の第1面 2011年5月2日
91下●ウサーマ・ビン・ラーディン襲撃時の, バラク・オバマと国家安全保障会議のメンバーたち ホワイトハウス 2001年5月1日
92●1976年のアブ・ニダル
93●アイルランド共和軍(IRA)の戦いを称賛するバリーマーフィーの壁画 ウエスト・ベルファスト
94●イラク戦争時の, イラク人女性とアメリカ砲兵隊の兵士 バグダード 2007年8月6日
95上●「ル・タン」紙に掲載されたシャバットの風刺画 ジュネーヴ
95下●ジッロ・ポンテコルヴォ監督の映画『アルジェの戦い』のポスター 1966年
96●ネルソン・マンデラ大統領とイギリス女王エリザベス2世 ロンドン 1996年7月9日
97●コソヴォ解放軍(UCK)の勝利を祝うアルバニア人の若者たち プリシュティナ 1999年7月2日
98●「レクスプレス」誌に掲載されたブランチュのイラスト 2011年5月4日
99●グラウンド・ゼロで黙祷するアメリカ大統領バラク・オバマ 2011年5月5日
100●ベルファストのアイルランド共和軍(IRA)の壁画 1997年

### 【資料篇】
101●デュビュ・ド・ラフォレスト『パリの最新スキャンダル, 爆弾』の表紙 ファイヤール社 刊行年不詳
125●警察官にピストルを向けるアウトノミア運動のデモ参加者 ミラノ 1977年

## 参考文献

『テロ 現代暴力論』 加藤朗著 中央公論新社(中公新書)(2002年)
『国際テロリズム101問』 安部川元伸著 立花書房(2011年)
『イスラム過激派・武闘派全書』 宮田律著 作品社(2009年)
『テロリズム 歴史・類型・対策法』 J=F・ゲイロー/ D・セナ著 私市正年訳 白水社(文庫クセジュ)(2008年)
『テロリズム その論理と実態』 ジョナサン・バーカー著 麻生えりか訳 青土社(2004年)
『テロリズム』 チャールズ・タウンゼンド著 宮坂直史訳・解説 岩波書店(2003年)
『現代のテロリズム』 首藤信彦著 岩波書店(岩波ブックレット)(2001年)
『世界テロ事典』 浦野起央編著 三和書籍(2001年)
『テロリズム 増補版 変貌するテロと人間の安全保障』 東海大学平和戦略国際研究所編 東海大学出版会(2001年)
『テロリズムとは何か』 佐渡龍己著 文藝春秋(文春新書)(2000年)
『テロリズム 正義という名の邪悪な殺戮』 ブルース・ホフマン著 上野元美訳 原書房(1999年)

# CRÉDITS PHOTOGRAPHIQUES

AFP 32-33hg, 87. AFP/Abdelhak Senna 78b. AFP/Al-Jazeera 39b. AFP/Arif Ali 78h. AFP/Joseph Barrak 7. AFP/BBC/Gara 15. AFP/Mike Clarke 10-11. AFP/Files/J. David Ake 87. AFP/Getty Images/Peter C. Brandt couv. 1er plat.AFP/HO/Mike Rimmer 53h. AFP/HO/SITE Intelligence Group 47. AFP/Pornchai Kittiwongsakul 9. AFP/Jean-Philippe Ksiazek 97. AFP/Rafa Rivas 28. AFP/John Stillwell 96. Agence VU/ Gilles Favier 93. Akg/DPA/Bildarchiv 68. Al-Jazeera 120. Al-Sahab 77. Chappatte 95h. Coll. part. 21, 101, 130. D.R. 38h, 64b, 80, 83, 117. Daily Express 12. Daily Mail 8, 91h. El Pais 51. Gamma-Rapho/Gamma/ Kurita Kaku 52. Gamma-Rapho/Gamma/Cyril Le Tourneur 29. Gamma-Rapho/Gamma/TF1/Pool LCI 49. Gamma-Rapho/Keystone 31, 33hd, 38-39m, 48. Gamma-Rapho/Keystone/Mary Evans 17. Gamma-Rapho/ Rapho/Véronique Durruty 61. Global Islamic Media Front 76. Igor Film-Casbah Film 95b. Kharbine-Tapabor 23. Leemage/Farabola 34-35. Leemage/FineArtImages/State Museum of History, Moscou 19. Leemage/MP 16, 36-37. Magnum Photos/Abbas 66, 79, 100. Magnum Photos/Susan Meiselas 62-63. Magnum/Steele-Perkins 27. Maxppp/EPA/Sergei Dolzhenko 46b. Maxppp/HO/New York City Police 42. Plantu 98. Prod DB © Augustus-Razor-Hazalah/DR 74h. Prod DB © Constantin Film Produktion/DR 72-73. Prod DB © Labyrinthe Films-Mika Cotellon/DR 74b. RAF 33b. REA/Redux/The New York Times 58. REA/The New York Times/Kelly Guenther 5. Reuters/Brendan McDermid 99. Reuters/Paul McErlane 67. Reuters/Toby Melville 81. Reuters/Kai Pfaffenbach 13. Reuters/Damir Sagolj 94. Reuters/Mohammed Salem 60, 70. Reuters/Suhaib Salem 56. Reuters/Pablo Sanchez 65d. Reuters/STR New 41, 85. Reuters/Str Old 55. Reuters/Stringer India 45. Ria Novosti 18. Roger-Viollet 22b. Roger-Viollet/Albert Harlingue 22h, 24-25. Roger-Viollet/Ullstein 84. Rue des Archives/Tal 26. Scoop/Paris Match/Jean-Claude Sauer 54. Sipa/ AP couv 2e plat, 86, 92. Sipa/AP/Bill Foley 50. Sipa/AP/Adel Hana 90. Sipa/AP/Axel Seidemann 53b. Sipa/AP/STF/Ricardo Mazalan 57. Sipa/AP/STR 40. Sipa/AP/Time 82. Sipa/AP/United States Postal service 43. Sipa/Frilet 69. Sipa/Guadrini 71. Sipa/Sifaoui Mohamed 59. Sipa/Villard 89. Courtesy of the Tulsa World 6. Universal Pictures 75. White House 91b.

[著者] **フランソワ＝ベルナール・ユイグ**

政治学国家博士、研究指導資格保持者。国際関係戦略研究所（IRIS）研究員。リモージュ大学ヴァーチャル・キャンパス、パリ第4大学（ソルボンヌ）応用人文科学研究所（CELSA）などで、情報戦略を教えている。『DNAと犯罪捜査　各国の現状とデータベースの発展』安井亜希子訳　白水社（文庫クセジュ）(2011年)、『スパイスが変えた世界史　コショウ・アジア・海をめぐる物語』藤野邦夫訳　新評論（1998年）(E・ユイグとの共著)、『未来予測の幻想　ジュール・ヴェルヌからビル・ゲイツまで』丸岡高弘訳　産業図書（1997年）など、著書多数。

[監修者] **加藤　朗**（かとう　あきら）

1951年生まれ。早稲田大学大学院政治研究科国際政治修士修了。防衛庁防衛研究所助手、スタンフォード大学フーバー研究所客員研究員、ハーバード大学国際安全保障研究所客員研究員を経て96年に防衛庁防衛研究所を退職。同年、桜美林大学国際学部助教授、2001年同教授、2007年同大学教授。2009年よりリベラル・アーツ学群教授。2010年から12年まで国際学研究所所長も務めた。主な著作に『現代戦争論』（中公新書、1993年）、『二十一世紀の安全保障』（南窓社、1999年）、『テロ―現代暴力論―』（中公新書、2002年）、『兵器の歴史』（芙蓉書房出版、2008年）、『戦争の読みかた』（春風社、2008年）、『入門・リアリズム平和学』（勁草書房、2009年）、『13歳からのテロ問題』（かもがわ出版、2011年）などがある。

[訳者] **遠藤ゆかり**（えんどう　ゆかり）

上智大学文学部フランス文学科卒。訳書に本シリーズ84, 93, 97, 100, 102, 106〜109, 114〜117, 121〜124, 126〜131, 134, 135, 137〜140, 142〜156、『フランスの歴史［近現代史］』（明石書店）などがある。

---

「知の再発見」双書161　**テロリズムの歴史**

2013年9月20日第1版第1刷発行

| | |
|---|---|
| 著者 | フランソワ＝ベルナール・ユイグ |
| 監修者 | 加藤　朗 |
| 訳者 | 遠藤ゆかり |
| 発行者 | 矢部敬一 |
| 発行所 | 株式会社　創元社<br>本　社❖大阪市中央区淡路町4-3-6　TEL(06)6231-9010 (代)<br>　　　　　　　　　　　　　　　　　　FAX(06)6233-3111<br>URL❖http://www.sogensha.co.jp/<br>東京支店❖東京都新宿区神楽坂4-3 煉瓦塔ビル<br>　　　　　　　　　　　　　　　　　TEL(03)3269-1051 (代) |
| 造本装幀 | 戸田ツトム |
| 印刷所 | 図書印刷株式会社 |

落丁・乱丁はお取替えいたします。
©Printed in Japan　ISBN 978-4-422-21221-0

**JCOPY**〈(社)出版者著作権管理機構　委託出版物〉
本書の無断複写は著作権法上での例外を除き禁じられています。
複写される場合は、そのつど事前に、(社)出版者著作権管理機構
（電話 03-3513-6969、FAX 03-3513-6979、e-mail: info@jcopy.or.jp）
の許諾を得てください。

## ●好評既刊●

**B6変型判／カラー図版約200点**

**「知の再発見」双書
激動の世界史シリーズ16点**

インカ帝国
大貫良夫〔監修〕

マヤ文明
落合一泰〔監修〕

アレクサンダー大王
桜井万里子〔監修〕

ギリシア文明
青柳正規〔監修〕

アステカ王国
落合一泰〔監修〕

ヴァイキング
谷口幸男〔監修〕

十字軍
池上俊一〔監修〕

オスマン帝国の栄光
鈴木董〔監修〕

ナポレオンの生涯
福井憲彦〔監修〕

パレスチナ
飯塚正人〔監修〕

テンプル騎士団の謎
池上俊一〔監修〕

カール5世とハプスブルク帝国
塚本哲也〔監修〕

チンギス・カンとモンゴル帝国
杉山正明〔監修〕

ロシア革命
石井規衛〔監修〕

ヨーロッパ統合
田中俊郎〔監修〕

アメリカ黒人の歴史
明石紀雄〔監修〕